辻・本郷審理室
ダイレクトアシスト

ゼミナール
vol.3

質問回答事例集
法人税・消費税・個人所得税・資産税

辻・本郷 税理士法人　ダイレクトアシスト／編著

TOHOSHOBO

はじめに

　辻・本郷税理士法人では、全国67支部に1600名以上の税理士・職員が活躍しています。私たちが所属する審理室では、各々が担当する税務案件の中で判断しきれない不明点の相談に適切なアドバイスを行っています。審理室のメンバーは東京国税局をはじめ、全国の国税局で第一線の調査官として活躍していたスペシャリストたちばかり。税務署のチェックポイントを知り尽くした国税OBに相談できる審理室が設置されている税理士法人というのは、日本全国でも弊法人くらいではないでしょうか。

　ダイレクトアシストはこの審理室の機能をご登録いただいた社外の税理士事務所の皆様にもご利用いただけるサービスです。

　今回はダイレクトアシストにお寄せいただいた税務相談のうち、平成30年中にご質問のあった中からピックアップして1冊にまとめました。ご質問については個人情報を削除の上できる限りそのまま、回答については解説と根拠条文等を併記しました。

　審理室で受ける相談件数は年間5000件を超えます。法人税・消費税・所得税・相続税のみならず、源泉所得税・印紙税・地方税含めて幅広く対応。海外取引が絡む案件から、例えば交際費なのか福利厚生費なのか等のちょっとした税務判断まで、実務の中で出てきた疑問にお答えしています。

　この1冊が先生方の日常業務の一助になれば幸いです。今後も皆様のお役に立てるよう、ダイレクトアシストによる最新の税務相談の出版を引き続き行っていく予定です。

　なお、弊法人の見解と異なる見解を排除するものではなく、経理処理の実行に当たっては、貴事務所の計算と責任において行われるものと致します。

辻・本郷 税理士法人　ダイレクトアシスト

税理士　八重樫 巧

辻・本郷審理室 ダイレクトアシスト　ゼミナールvol.3
質問回答事例集　法人税・消費税・個人所得税・資産税

目次

はじめに ……………………………………………………………… 2

第1章　**法人税**……………………………………………… 5

第2章　**消費税**……………………………………………… 61

第3章　**個人所得税**………………………………………… 91

第4章　**資産税**……………………………………………… 131

編著者プロフィール・執筆者略歴 ………………………………… 157

○参考文献　　国税庁HP、他各省庁HP○

第1章

法人税

第1節　過大な役員給与

第2節　海外子会社への貸付金利

第3節　外国親会社から付与されたストックオプション

第4節　経費補償金等の繰延

第5節　建物改築承認料

第6節　個人口座の取り扱い

第7節　交際費の範囲

第8節　詐欺被害

第9節　債権放棄

第10節　使用可能期間が1年未満の減価償却資産

第11節　他人の建物に対する造作の耐用年数

第12節　匿名組合精算金

第13節　無償資金提供

第14節　役員給与の増額①

第15節　役員給与の増額②

第16節　役員退職金

第17節　役員退職金算定における勤続年数

第18節　立退料

[第1節] Q 過大な役員給与

当社は、日本国内で小売業を営む法人であり、当期に当社が100％出資の完全子会社を設立しました。設立に際しては、当社の役員Aをこの子会社の役員も兼務する形で就任させております。Aに対する役員給与については当社が全額支払っており、子会社では生じておりません。この場合に法人税法上、留意すべき事項はありますでしょうか。

親会社である貴社が負担するAに対する役員給与は損金算入されますが、子会社が負担すべきAに対する役員給与は子会社に対する貴社からの寄付金として取り扱われ、貴社の経理上、損金算入限度額を超える金額は損金不算入となると考えられます。

解説

【役員給与とは】
- 法人税法上、役員に対して支給する給与として、定期同額給与、事前確定届出給与、利益連動給与が定められており、その給与がこれらのうちのいずれかに該当する場合、課税所得の計算上、損金の額に算入することができます（法人税法34条）。

【過大役員給与とは】
- ただし、支給する給与の額のうち不相当に高額な部分の金額として政令で定める金額及び事実を隠蔽し、又は仮装して経理をすることによりその役員に対して支給する給与の額は損金の額に算入されません。
- 過大役員給与とされる金額としては、いわゆる形式基準と実質基準の2つの判定基準にて判定を行います。このうち、実質基準については、役員の職務の内容、その法人の収益やその使用人に対する給料の支給の状況、類似法人の役員に対する給与の支給状況等に照らし判定を行うこととされております（法人税法施行令70条1号

イ）。

【寄付金と認定される場合】

●したがって、役員給与が、実質基準に照らし、過大給与と判定される場合には不相当に高額な部分の金額について損金不算入となる可能性があると考えられます。

●又、税務調査における事実認定の問題となりますが、Ａが親会社と子会社の役員を兼務している場合、子会社の負担すべき役員給与の額が親会社の支払う役員給与の額に含まれている可能性も考えられます。

●したがって、支給する役員給与の金額のうち、親会社の負担相当金額については、法人税法34条の規定に従い損金の額に算入される一方で、子会社の負担相当金額については原則として子会社への寄付金として取り扱われ、損金不算入となる可能性があると考えられます。

参考

【法人税法】

（役員給与の損金不算入）（抄録）

第三十四条　内国法人がその役員に対して支給する給与（退職給与で業績連動給与に該当しないもの、使用人としての職務を有する役員に対して支給する当該職務に対するもの及び第三項の規定の適用があるものを除く。以下この項において同じ。）のうち次に掲げる給与のいずれにも該当しないものの額は、その内国法人の各事業年度の所得の金額の計算上、損金の額に算入しない。

一　その支給時期が一月以下の一定の期間ごとである給与（次号イにおいて「定期給与」という。）で当該事業年度の各支給時期における支給額が同額であるものその他これに準ずるものとして政令で定める給与（同号において「定期同額給与」という。）

二　その役員の職務につき所定の時期に、確定した額の金銭又は確定した数の株式…を交付する旨の定めに基づいて支給する給与で、定期同額給与及び業績連動給与のいずれにも該当しないもの

三　内国法人（同族会社にあつては、同族会社以外の法人との間に当該法人による完

全支配関係があるものに限る。）がその業務執行役員（業務を執行する役員として政令で定めるものをいう。以下この号において同じ。）に対して支給する業績連動給与…、次に掲げる要件を満たすもの（他の業務執行役員の全てに対して次に掲げる要件を満たす業績連動給与を支給する場合に限る。）

【法人税法施行令】

（過大な役員給与の額）

第七十条　　法第三十四条第二項（役員給与の損金不算入）に規定する政令で定める金額は、次に掲げる金額の合計額とする。

一　次に掲げる金額のうちいずれか多い金額

　　イ　内国法人が各事業年度においてその役員に対して支給した給与（法第三十四条第二項に規定する給与のうち、退職給与以外のものをいう。以下この号において同じ。）の額（第三号に掲げる金額に相当する金額を除く。）が、当該役員の職務の内容、その内国法人の収益及びその使用人に対する給与の支給の状況、その内国法人と同種の事業を営む法人でその事業規模が類似するものの役員に対する給与の支給の状況等に照らし、当該役員の職務に対する対価として相当であると認められる金額を超える場合におけるその超える部分の金額（その役員の数が二以上である場合には、これらの役員に係る当該超える部分の金額の合計額）

　　ロ　定款の規定又は株主総会、社員総会若しくはこれらに準ずるものの決議により役員に対する給与として支給することができる金銭の額の限度額若しくは算定方法又は金銭以外の資産（ロにおいて「支給対象資産」という。）の内容（ロにおいて「限度額等」という。）を定めている内国法人が、各事業年度においてその役員（当該限度額等が定められた給与の支給の対象となるものに限る。ロにおいて同じ。）に対して支給した給与の額（法第三十四条第六項に規定する使用人としての職務を有する役員（第三号において「使用人兼務役員」という。）に対して支給する給与のうちその使用人としての職務に対するものを含めないで当該限度額等を定めている内国法人については、当該事業年度において当該職務に対する給与として支給した金額（同号に掲げる金額に相当する金額を除く。）のうち、その内国法人の他の使用人に対する給与の

支給の状況等に照らし、当該職務に対する給与として相当であると認められる金額を除く。）の合計額が当該事業年度に係る当該限度額及び当該算定方法により算定された金額並びに当該支給対象資産（当該事業年度に支給されたものに限る。）の支給の時における価額（第七十一条の三第一項（確定した数の株式を交付する旨の定めに基づいて支給する給与に係る費用の額等）に規定する確定数給与にあつては、同項に規定する交付決議時価額）に相当する金額の合計額を超える場合におけるその超える部分の金額（同号に掲げる金額がある場合には、当該超える部分の金額から同号に掲げる金額に相当する金額を控除した金額）

[第2節] Q 海外子会社への貸付金利

　当社は、海外の子会社に対して円建の新規貸付（返済期間3年）を行うこととなりました。当社が取引銀行で短期借入を行った場合には年率0.7％で調達が行えるため、当該子会社への貸付けに付す金利も0.7％で行うことを考えていますが、移転価格税制上問題等はありますでしょうか。なお、当社は金融業を営む業種ではありません。

　子会社への長期貸付の利率に、親会社の短期借入の利率をそのまま用いることは移転価格税制上問題があると考えられます。

解説

- 国外関連会社である子会社に対する貸付取引の独立企業間利率とは、基本的に当該子会社に対する貸付けと同様の条件で第三者に対して貸付けを行う場合に付す金利となります。
- ただし、第三者取引がない場合で、かつ、法人及び国外関連者が共に金銭の貸付けを業としない場合には、次に掲げる利率を独立価格比準法に準ずる方法と同等の方法による独立企業間の利率として用いることが認められています（事務運営指針3-7(1)(2)(3)の順に適用）。
  ① 国外関連取引の借手が、非関連者である銀行等から当該国外関連取引と通貨、貸借時期、貸借期間等が同様の状況の下で借り入れたとした場合に付されるであろう利率
  ② 国外関連取引の貸手が、非関連者である銀行等から当該国外関連取引と通貨、貸借時期、貸借期間等が同様の状況の下で借り入れたとした場合に付されるであろう利率
  ③ 国外関連取引に係る資金を、当該国外関連取引と通貨、取引時期、期間等が同様の状況の下で国債等により運用するとした場合に得られるであろう利率
  - なお、②に掲げる利率を用いる場合においては、貸付けと借入れがひも付き関係

にあるかどうかは問いません。

●本件の場合、貸手である親会社の短期借入利率0.7%を海外子会社への3年という長期貸付利率に使用することは、短期借入利率を長期貸付利率に適用するという点に問題があると指摘される可能性が大きいです。海外子会社が当該貸付けと同条件で銀行等から借入れを行った場合の利率を基準に設定すべきであると考えられます。

| 参考

【事業運営指針】

(独立価格比準法に準ずる方法と同等の方法による金銭の貸借取引の検討)

3-7 　　　法人及び国外関連者が共に業として金銭の貸付け又は出資を行っていない場合において、当該法人が当該国外関連者との間で行う金銭の貸付け又は借入れについて調査を行うときは、必要に応じ、次に掲げる利率を独立企業間の利率として用いる独立価格比準法に準ずる方法と同等の方法の適用について検討する。

(1) 国外関連取引の借手が、非関連者である銀行等から当該国外関連取引と通貨、貸借時期、貸借期間等が同様の状況の下で借り入れたとした場合に付されるであろう利率

(2) 国外関連取引の貸手が、非関連者である銀行等から当該国外関連取引と通貨、貸借時期、貸借期間等が同様の状況の下で借り入れたとした場合に付されるであろう利率

(3) 国外関連取引に係る資金を、当該国外関連取引と通貨、取引時期、期間等が同様の状況の下で国債等により運用するとした場合に得られるであろう利率

(注) 1 　(1)、(2)及び(3)に掲げる利率を用いる方法の順に、独立企業原則に即した結果が得られることに留意する。

　　 2 　(2)に掲げる利率を用いる場合においては、国外関連取引の貸手における銀行等からの実際の借入れが、(2)の同様の状況の下での借入れに該当するときは、当該国外関連取引とひも付き関係にあるかどうかを問わないことに留意する。

[第3節] Q 外国親会社から付与されたストックオプション

当社の親会社（米国）から当社従業員に対してストックオプション制度に基づく新株予約権が付与されております。この場合、当社にて必要となる手続きはございますでしょうか。

 外国親会社等が国内の役員等に供与した経済的利益に関する調書を所轄税務署に提出する必要があります。

解説

- 米国親会社の新株予約権が子会社の従業員に付与されている場合、子会社の従業員としての地位に基づき付与されたものと思われます。米国親会社から付与される当該権利は税制適格とはならないため、権利行使時の経済的利益は給与所得として課税されることとなります。
- 一方で、このような新株予約権が付与された場合、「外国親会社等が国内の役員等に供与した経済的利益に関する調書」を外国親会社等から経済的利益の供与等を受けた役員等が勤務する内国法人が所轄税務署に提出することが求められておりますので留意が必要です（所得税法228条の3の2）。

参考

【所得税法】

（外国親会社等が国内の役員等に供与等をした経済的利益に関する調書）

第二百二十八条の三の二　外国法人がその発行済株式（議決権のあるものに限る。）若しくは出資の総数若しくは総額の百分の五十以上の数若しくは金額の株式（議決権のあるものに限る。）若しくは出資を直接若しくは間接に保有する関係その他の政令で定める関係にある内国法人の役員（法人税法第二条第十五号（定

義）に規定する役員をいう。以下この条において同じ。）若しくは使用人（役員又は使用人であつた者を含む。）で次に掲げる者のいずれかに該当するもの又は外国法人の国内にある営業所等（営業所、事務所その他これらに準ずるものをいう。以下この条において同じ。）において勤務する当該外国法人の役員若しくは使用人（役員又は使用人であつた者を含む。）で次に掲げる者のいずれかに該当するもの（以下この条において「役員等」と総称する。）が、当該役員等と当該役員等に係るこれらの外国法人（以下この条において「外国親会社等」という。）との間の契約により付与された当該外国親会社等が発行する株式を無償又は有利な価額で取得することができる権利その他の政令で定める権利に基づき当該外国親会社等から株式、金銭その他の経済的利益の交付、支払又は供与（以下この条において「供与等」という。）を受けた場合には、当該内国法人又は営業所等の長は、財務省令で定めるところにより、その経済的利益の供与等を受けた役員等の当該外国親会社等の経済的利益の供与等に関する調書を、当該供与等を受けた日の属する年の翌年三月三十一日（第二号に掲げる者に該当するものに係る調書にあつては、翌年四月三十日）までに、税務署長に提出しなければならない。

一　居住者

二　非居住者のうち、当該供与等を受けた経済的利益の価額の全部又は一部が第百六十一条第一項（国内源泉所得）に規定する国内源泉所得となるものを受けた者

[第4節] Q 経費補償金等の繰延

当社は収用に伴い営業所の移転をすることになり、備品や機械の移設や引越し、修繕に伴う費用に充てるため補償金の交付を受けることとなりました。一方で、実際に移転や修繕が生じる時期は翌年度を予定しております。この場合に、当年度に受けた補償金の税務上の取り扱いはどのようにすればよいでしょうか。

仮勘定経理を行うことで翌年度の経費支出時に取り崩すことができます。

解説

- 収用により交付を受ける補償金等は、原則として収用があった日を含む事業年度の益金の額に算入することとなります。
- 一方で、補償金のうち、経費補償金や移転補償金に該当するものについては、交付の目的となった経費を支出することが明確である部分の金額に限り、これをその目的となった経費を支出する日と収用等があった日から2年を経過した日の前日とのいずれか早い日まで仮勘定として経理することができます（租税特別措置法関係通達64(3)-15）。
- なお、この仮勘定の金額は、実際に目的となった経費を支出する又は指定の期間を経過する日のいずれか早い日に取り崩すこととなりますが、実際に支出された経費の額が補償金の額を下回る場合には残余の仮勘定の金額も同時に取り崩し益金の額に算入することとなります。
- 本件の場合には、補償金の交付を受けた翌年度に実際の支出を予定していることが明らかであることから、当年度については仮勘定経理を行い、翌年度の経費支出時に取り崩すことが可能と考えられます。

参考

【租税特別措置法関係通達（法人税）】

（経費補償金等の仮勘定経理の特例）

64（3）-15　収用等により交付を受ける補償金等のうち対価補償金以外の金額は、その収用等があった日を含む事業年度の益金の額に算入するのであるが、経費補償金若しくは移転補償金（64（2）-7から64（2）-9まで及び64（2）-21により、対価補償金として取り扱うものを除く。）、64（2）-12に定める残地保全経費の補償金又は64（2）-12の2に定める地域外の既存設備の付替え等に要する経費の補償金（以下これらを「経費補償金」という。）については、収用等があった日から2年を経過した日の前日（長期特別勘定の設定をする場合には、当該長期特別勘定に係る指定期間を経過した日の前日）まで仮勘定として経理することができるものとする。（昭50年直法2-21「45」、昭55年直法2-15「十六」、平6年課2-5「三十六」により改正）

（注）

1　この取扱いにより経費補償金につき仮勘定として経理する場合において、当該経費補償金に見合う経費の支出をし、又は資産の取得等をしたときは、その支出をした経費の額又は取得等をした資産に係る取得価額等についても仮勘定として経理するものとする。

2　法人が経費補償金の交付を受けた場合において、その補償の目的に適合する経費の支出又は同種の資産の取得若しくは資産の改良をすることが明らかでないときは、当該経費補償金の額のうち、その明らかでない部分の金額については、その収用等があった日を含む事業年度の益金の額に算入することに留意する。

第1章　法人税

[第5節] **Q 建物改築承認料**

当社が駐車場として賃借している土地（借地権あり）に建物を建てることとなり、建物改築承認料を支払うこととなりましたが、損金として計上することは可能でしょうか。

A 建物等を増改築するに当たり支払った建物改築承認料については、借地権の取得価額に算入します。

解説

- 借地権の取得価額には、土地の賃貸借契約又は転貸借契約（これらの契約の更新及び更改を含む。以下「借地契約」という）に当たり借地権の対価として土地所有者又は借地権者に支払った金額のほか、建物等を増改築するに当たりその土地の所有者等に対して支出した費用の額を含みます（法人税法基本通達7-3-8）。
- したがって、本件の場合、借地契約している土地の上に建物を建てるための承認料を支払っているため、借地権の取得価額に算入することとなります。

参考

【法人税法基本通達】

（借地権の取得価額）

7-3-8　　借地権の取得価額には、土地の賃貸借契約又は転貸借契約（これらの契約の更新及び更改を含む。以下7-3-8において「借地契約」という。）に当たり借地権の対価として土地所有者又は借地権者に支払った金額のほか、次に掲げるような金額を含むものとする。ただし、（1）に掲げる金額が建物等の購入代価のおおむね10％以下の金額であるときは、強いてこれを区分しないで建物等の取得価額に含めることができる。（昭55年直法2-8「二十一」により改正）

（1）土地の上に存する建物等を取得した場合におけるその建物等の購入代価のうち借地権の対価と認められる部分の金額

（2）賃借した土地の改良のためにした地盛り、地ならし、埋立て等の整地に要した費用の額

（3）借地契約に当たり支出した手数料その他の費用の額

（4）建物等を増改築するに当たりその土地の所有者等に対して支出した費用の額

第1章　法人税

〈 17 〉

[第6節] Q 個人口座の取り扱い

当社はFX取引を行うため口座を開設しようとしましたが、法人口座を開設できなかったため、社長の個人名義にて口座を開設し、取引を行っております。

この場合、FX口座は社長の個人名義で開設していますが、FX取引で生じた損益について法人に帰属するものと経理して問題はないでしょうか。

本件海外FX口座取引が社長個人ではなく法人に帰属していると主張する場合は、下記公表裁決事例を中心とした項目、社内の意思決定や当該口座の法人利用に関する同意の確認等を行い、実質的所得者について総合的に判断する必要があると考えられます。

解説

- 法人税法上、個人名義口座の取引を法人の取引に帰属させることを禁止する条文等はなく、設立間もない取引など、個人名義口座で法人に帰属する取引を行うケースは実務上存在します。又、個人名義口座の取引を法人の取引に帰属させていないことで、申告漏れとされたケースも存在します。
- したがって、個人・法人のいずれに帰属するかについては、実質所得者課税の原則（所得税法12条、法人税法11条）に従い、事業に至る経緯、経営の実態、経理関係、関係者の認識等を総合的に判断すべきものと考えられます。
- 過去の裁決事例からも、個人・法人いずれに帰属するかについての判断基準として主として以下のような項目が確認されております（公表裁決事例集No.2、22、46、61等）。
    - ✓ 当該取引を開始した経緯
    - ✓ 当該取引に関する個人の確定申告の有無
    - ✓ 当該取引に関する納品書、請求書等は会社の正規のものが用いられているか
    - ✓ 当該取引に関する帳票や会計帳簿が法人のものに記載されているか

- ✓ 当該取引に関する資金源は個人・法人いずれに帰属するか。代表者から立替が行われている場合には当該立替をした事実を証する資料の有無
- ✓ 当該取引を行った従業員の地位・権限

参考

【所得税法】

（実質所得者課税の原則）

第十二条　資産又は事業から生ずる収益の法律上帰属するとみられる者が単なる名義人であつて、その収益を享受せず、その者以外の者がその収益を享受する場合には、その収益は、これを享受する者に帰属するものとして、この法律の規定を適用する。

【法人税法】

（実質所得者課税の原則）

第十一条　資産又は事業から生ずる収益の法律上帰属するとみられる者が単なる名義人であつて、その収益を享受せず、その者以外の法人がその収益を享受する場合には、その収益は、これを享受する法人に帰属するものとして、この法律の規定を適用する。

[第7節] **Q 交際費の範囲**

　当社は建設業を営んでおり、年間に係る交際費の額が多額であり、交際費の800万円の定額控除限度額を大きく上回っております。取引先との接待飲食代の占める割合が多く、その他にも社内の忘年会費用や会議の際に飲食した費用なども含めて全て交際費に計上していたため、福利厚生費、会議費、交際費を明確に区分していくことを検討しておりますが、留意すべき事項はありますか。

　飲食を含む費用の中には、取引内容によって交際費以外に計上できるものがありますので、実態に照らして交際費に該当するかを判断する必要があります。又、交際費のうち、飲食代の占める割合が多いことから、接待飲食費の額の50％相当額の損金算入を行うことも有益だと考えられます。

解説

【福利厚生費】
- 福利厚生費とは、専ら従業員の慰安のために行われる運動会、演芸会、旅行等のために通常要する費用をいい、以下の支出を含みます（租税特別措置法61条の4第4項1号、租税特別措置法基本通達61の4(1)-10）。
  ① 創立記念日、国民祝日、新社屋落成式等に際し従業員等におおむね一律に社内において供与される通常の飲食に要する費用
  ② 従業員等（従業員等であった者を含む）又はその親族等の慶弔、禍福に際し一定の基準に従って支給される金品に要する費用
- 交際費課税は社内交際費も対象にしていますので、福利厚生費との区分が問題になりますが、社内行事の一環として全社員等を対象にし、社会通念上相当な費用の範囲内で実施されるものであれば、基本的には業務の一環として福利厚生費として取り扱われると考えられます。
- ただし、忘年会の二次会費用など社会一般的には全社員ではなく有志による参加等

が想定されるため、福利厚生費に該当しないものもあり、参加者や金額、その内容など個々の事情により結論が異なることから、発生の都度、従業員一律か、金額は妥当かなど福利厚生費の定義に照らして判断することが望ましいと考えられます。

●又、忘年会や新年会、創立記念パーティー等個々の事情により、社会通念上相当な費用の範囲は異なってくるため、社内行事の内容や開催場所、出席者1人当たりの費用、飲食の内容等を総合的に判断する必要があると考えられます。例えば、毎年慰安旅行を行っていた会社が慰安旅行に代えて、慰安旅行とほぼ同程度の金額でのレストランの会食を今年行っていた場合、例年の慰安旅行と同一基準で行われているため福利厚生費として認められる場合があるなど金額基準で画一的に判断できないケースもあります（昭55.4.21東京地裁昭51（行ウ）98）。

【会議費】

●会議費とは、会議に関連して、茶菓、弁当その他これらに類する飲食物を供与するために通常要する費用をいいます（租税特別措置法61条の4第4項2号）。

●会議には、来客との商談、打合せ等が含まれており、1人当たりの飲食費の金額が5,000円を超える場合であっても、会議費の定義に該当するものについては交際費から除かれるものとされております（租税特別措置法基本通達61の4（1）-21）。

●したがって、1人当たりの飲食費の金額が5,000円を超えていたとしても会議の実態が伴っているのであれば交際費に計上せず、会議費として計上することが認められます。ただし、福利厚生費と同様、会議の実態が伴っているかの合理性や会議費として支出する金額が社会通念上相当な費用の範囲内であるかについて、会議の内容や取引先との関係、会議の開催場所によって総合的に判断する必要があります。

【接待飲食費の取り扱い】

●本件については、交際費のうち、取引先との接待飲食代が多く占めています。

●平成26年4月1日以後に開始する事業年度において支出する交際費等については、交際費等のうち接待飲食費の額の50％相当額を超える金額を交際費の損金不算入とすることができ、中小法人（期末資本金1億円以下の法人）は交際費の定額控除限度額（800万円）との選択適用が認められております（租税特別措置法61条の4第1項、2項）。

第1章　法人税

●したがって、接待飲食費の金額が多額である場合には、800万円の定額控除ではなく、接待飲食費の50%相当額を超える金額の損金不算入制度を選択することも考えられます。

| 参考

【租税特別措置法】

（交際費等の損金不算入）

第六十一条の四　法人が平成二十六年四月一日から平成三十年三月三十一日までの間に開始する各事業年度において支出する交際費等の額のうち接待飲食費の額の百分の五十に相当する金額を超える部分の金額は、当該事業年度の所得の金額の計算上、損金の額に算入しない。

2　前項の場合において、法人（投資信託及び投資法人に関する法律第二条第十二項に規定する投資法人及び資産の流動化に関する法律第二条第三項に規定する特定目的会社を除く。）のうち当該事業年度終了の日における資本金の額又は出資金の額（資本又は出資を有しない法人その他政令で定める法人にあつては、政令で定める金額）が一億円以下であるもの（法人税法第二条第九号に規定する普通法人のうち当該事業年度終了の日において同法第六十六条第六項第二号又は第三号に掲げる法人に該当するものを除く。）については、次の各号に掲げる場合の区分に応じ当該各号に定める金額をもつて、前項に規定する超える部分の金額とすることができる。

一　前項の交際費等の額が八百万円に当該事業年度の月数を乗じてこれを十二で除して計算した金額（次号において「定額控除限度額」という。）以下である場合　零

二　前項の交際費等の額が定額控除限度額を超える場合　その超える部分の金額

3　前項の月数は、暦に従つて計算し、一月に満たない端数を生じたときは、これを一月とする。

4　第一項に規定する交際費等とは、交際費、接待費、機密費その他の費用で、法人が、その得意先、仕入先その他事業に関係のある者等に対する接待、供応、慰安、贈答その他これらに類する行為（以下この項において「接待等」という。）のために支出するもの（次に掲げる費用のいずれかに該当するものを除く。）をいい、第一

項に規定する接待飲食費とは、同項の交際費等のうち飲食その他これに類する行為のために要する費用（専ら当該法人の法人税法第二条第十五号に規定する役員若しくは従業員又はこれらの親族に対する接待等のために支出するものを除く。第二号において「飲食費」という。）であつて、その旨につき財務省令で定めるところにより明らかにされているものをいう。

一　専ら従業員の慰安のために行われる運動会、演芸会、旅行等のために通常要する費用

二　飲食費であつて、その支出する金額を基礎として政令で定めるところにより計算した金額が政令で定める金額以下の費用

三　前二号に掲げる費用のほか政令で定める費用

【租税特別措置法基本通達】

（福利厚生費と交際費等との区分）

61の4(1)-10　　社内の行事に際して支出される金額等で次のようなものは交際費等に含まれないものとする。（昭52年直法2-33「35」、昭54年直法2-31「十九」、平6年課法2-5「三十一」、平19年課法2-3「三十七」により改正）

(1) 創立記念日、国民祝日、新社屋落成式等に際し従業員等におおむね一律に社内において供与される通常の飲食に要する費用

(2) 従業員等（従業員等であった者を含む。）又はその親族等の慶弔、禍福に際し一定の基準に従って支給される金品に要する費用

（会議に関連して通常要する費用の例示）

61の4(1)-21　　会議に際して社内又は通常会議を行う場所において通常供与される昼食の程度を超えない飲食物等の接待に要する費用は、原則として措置法令第37条の5第2項第2号に規定する「会議に関連して、茶菓、弁当その他これらに類する飲食物を供与するために通常要する費用」に該当するものとする。（昭54年直法2-31「十九」、平6年課法2-5「三十一」、平19年課法2-3「三十七」によ

り改正）

（注）

1　会議には、来客との商談、打合せ等が含まれる。

2　本文の取扱いは、その1人当たりの費用の金額が措置法令第37条の5第1項に定める金額を超える場合であっても、適用があることに留意する。

[第8節] **Q 詐欺被害**

　当社は自社商品の販売を行っている会社ですが、この度、顧客からの詐欺にあってしまい損失が発生しております。詐欺被害については既に警察へ被害届を提出しておりますが、相手方の行方は不明であるため、被害金額を回収する可能性は著しく低い状況です。この場合、法人税法上はどのように処理すべきでしょうか。

　詐欺により生じた損失については貸倒損失として計上し、同時に損害賠償請求として益金に算入することになると考えられます。ただし、損害賠償請求の益金算入については、実際に支払いを受けた時点で算入することも認められます。

解説

- 法人税法上、法人の有する金銭債権につき、その債務者の資産状況、支払能力等からみてその全額が回収できないことが明らかになった場合には、その明らかになった事業年度において貸倒れとして損金経理をすることができます（法人税法基本通達9-6-2）。
- したがって、詐欺を行った顧客の資産状況や支払能力等が明らかでなく、未だ行方不明の場合には、被害届を出した事業年度をもって、貸倒損失として計上することが考えられます。
- 又、詐欺による被害は民法上、自動的に民事上の損害賠償請求権を取得します（民法709条）。法人税法上、法人が他の者から支払いを受ける損害賠償金については、原則的には、その支払いを受けるべきことが確定した日の属する事業年度の益金の額に算入します（法人税法基本通達2-1-43）。したがって、損金と益金が同額となり、課税所得に影響しないこととなります。
- ただし、法人がその損害賠償金について実際に支払いを受けた日の属する事業年度の益金の額に算入することも認められております（法人税法基本通達2-1-43）。し

たがって、詐欺被害による貸倒損失については発生時点で計上、損害賠償金の益金
算入については支払いを受けた時点とし、算入時期が異なる処理を行うことも可能
です。

| 参考

【民法】

（不法行為による損害賠償）

第七百九条　故意又は過失によって他人の権利又は法律上保護される利益を侵害した
　　　　　　者は、これによって生じた損害を賠償する責任を負う。

【法人税法基本通達】

（損害賠償金等の帰属の時期）

2-1-43　　　他の者から支払を受ける損害賠償金（債務の履行遅滞による損害金を含
　　　　　　む。以下2-1-43において同じ。）の額は、その支払を受けるべきことが
　　　　　　確定した日の属する事業年度の益金の額に算入するのであるが、法人が
　　　　　　その損害賠償金の額について実際に支払を受けた日の属する事業年度の
　　　　　　益金の額に算入している場合には、これを認める。（昭55年直法2-8「六」
　　　　　　により追加、平12年課法2-7「二」、平23年課法2-17「四」により改正）

（注）　当該損害賠償金の請求の基因となった損害に係る損失の額は、保険金又は共済
　　　　金により補填される部分の金額を除き、その損害の発生した日の属する事業年
　　　　度の損金の額に算入することができる。

（回収不能の金銭債権の貸倒れ）

9-6-2　　　法人の有する金銭債権につき、その債務者の資産状況、支払能力等から
　　　　　　みてその全額が回収できないことが明らかになった場合には、その明ら
　　　　　　かになった事業年度において貸倒れとして損金経理をすることができ
　　　　　　る。この場合において、当該金銭債権について担保物があるときは、そ
　　　　　　の担保物を処分した後でなければ貸倒れとして損金経理をすることはで
　　　　　　きないものとする。（昭55年直法2-15「十五」、平10年課法2-7「十三」

により改正）

（注）　保証債務は、現実にこれを履行した後でなければ貸倒れの対象にすることはできないことに留意する。

[第9節] Q 債権放棄

当社が貸付債権を有しているＡ社はここ3年間ほど債務超過の状態が継続しており、その債務者の資産状況、業績等をみても回収できないことが明らかな状況です。そこで、当事業年度に書面により全額債務免除を行うことを検討しておりますが、留意すべき事項はありますか。なお、当社とＡ社との間には資本関係等はなく、当該貸付けは第三者間取引によるものです。

A 貸倒れとして損金の額に算入することが一般的にできますが、債務免除を行うに至った合理性の確認や債務免除を書面により行ったことを明らかにしておくことに留意が必要です。

解説

- 法人の有する金銭債権について、債務者の債務超過の状態が相当期間継続し、その金銭債権の弁済を受けることができないと認められる場合において、その債務者に対し書面により明らかにされた債務免除額は、その明らかにされた日の属する事業年度において貸倒れとして損金の額に算入することとされています（法人税法基本通達9-6-1 (4)）。

- この場合の貸倒損失の計上は、金銭債権の弁済を受けることができないと認められる場合の債務免除の取り扱いですので、その債務者が第三者であることをもって無条件に貸倒損失の計上ができるというものではありません。第三者に対して債務免除を行う場合であっても、同通達に掲げる場合と異なり、金銭債権の弁済を受けることができるにもかかわらず、債務免除を行い、債務者に対して実質的な利益供与、寄付金を図ったと認められるような場合には、その免除額は税務上貸倒損失には当たらないことになります。したがって、第三者に対して債務免除を行う場合には、金銭債権の回収可能性を充分に検討する必要があります。

- 特に、「債務者の債務超過の状態が相当期間継続」しているという場合における「相

当期間」とは、債権者が債務者の経営状態をみて回収不能かどうかを判断するために必要な合理的な期間をいうことから、形式的に何年ということではなく、個別の事情に応じ総合的な判断を行う必要があります。

●この他、債務免除について、民法519条では「債権者が債務者に対して債務を免除する意思を表示したときは、その債権は、消滅する」と規定されています。このため、債務免除は債権者の一方的な行為となり、債権債務が消滅したことを客観的に示すことが困難な場合もあります。

●したがって、債務免除を行う旨を書面により明らかにする必要があります。なお、必ずしも公正証書等の公証力のある書面によることを要しませんが、書面の交付の事実を明らかにするためには、債務者から受領書を受け取るか、内容証明郵便等により交付することが望ましいと考えられます。

参考

【法人税法基本通達】

（金銭債権の全部又は一部の切捨てをした場合の貸倒れ）

9-6-1　　法人の有する金銭債権について次に掲げる事実が発生した場合には、その金銭債権の額のうち次に掲げる金額は、その事実の発生した日の属する事業年度において貸倒れとして損金の額に算入する。（昭55年直法2-15「十五」、平10年課法2-7「十三」、平11年課法2-9「十四」、平12年課法2-19「十四」、平16年課法2-14「十一」、平17年課法2-14「十二」、平19年課法2-3「二十五」、平22年課法2-1「二十一」により改正）

(1) 更生計画認可の決定又は再生計画認可の決定があった場合において、これらの決定により切り捨てられることとなった部分の金額

(2) 特別清算に係る協定の認可の決定があった場合において、この決定により切り捨てられることとなった部分の金額

(3) 法令の規定による整理手続によらない関係者の協議決定で次に掲げるものにより切り捨てられることとなった部分の金額

　　イ　債権者集会の協議決定で合理的な基準により債務者の負債整理を定めているもの

ロ　行政機関又は金融機関その他の第三者のあっせんによる当事者間の協議により締結された契約でその内容がイに準ずるもの

（4）債務者の債務超過の状態が相当期間継続し、その金銭債権の弁済を受けることができないと認められる場合において、その債務者に対し書面により明らかにされた債務免除額

【民法】

第五百十九条　　債権者が債務者に対して債務を免除する意思を表示したときは、その債権は、消滅する。

[第10節] **Q 使用可能期間が1年未満の減価償却資産**

当社は取引先との請負契約にて、新規に固定資産を200万円購入しました。この固定資産の法定耐用年数は2年でございますが、実質的に使用できる期間は請負契約期間の10カ月のみです。この場合、使用可能期間が1年未満の減価償却資産として事業供用時に損金算入することはできますか。

使用可能期間が1年未満であることを客観的かつ合理的に証明できる場合には、事業の用に供した事業年度に損金算入することができると考えられます。

解説

- 使用可能期間が1年未満であるもの又は取得価額が10万円未満である減価償却資産については、それを事業の用に供した日の属する事業年度において損金経理をすることにより、その全額を損金とすることができます（法人税法施行令133条）。
- 使用可能期間が1年未満であるかどうかの判定は、法定耐用年数によるのではなく、原則として、法人の属する業種において一般的に消耗性のものと認識されている減価償却資産について、その法人の平均的な使用状況、補充状況等を勘案して行うことになります（法人税法基本通達7-1-12）。例えば、テレビ放映用のコマーシャルフィルムは、通常、減価償却資産として資産計上し、法定耐用年数2年で減価償却しますが、テレビ放映期間は1年未満であることが一般的です。したがって、テレビ放映の期間が1年未満のものは、「使用可能期間が1年未満のもの」に該当します。
- 本件の場合、新規に購入した固定資産を過去にも同様に使用している場合には、過去3年間の平均値を用いて使用可能期間が1年未満であることを確認する必要があります。使用実績がない場合には、例えば取引先との契約において契約終了後に廃棄又は取引先に贈与することが決まっている、本受託契約以外では当該固定資産を

使用することができず他の用途に転用することができない、などを確認し、使用可能期間が1年未満であることを確認する必要があると考えられます。

| 参考

【法人税法施行令】

（少額の減価償却資産の取得価額の損金算入）

第百三十三条　　内国法人がその事業の用に供した減価償却資産（第四十八条第一項第六号及び第四十八条の二第一項第六号（減価償却資産の償却の方法）に掲げるものを除く。）で、前条第一号に規定する使用可能期間が一年未満であるもの又は取得価額（第五十四条第一項各号（減価償却資産の取得価額）の規定により計算した価額をいう。次条第一項において同じ。）が十万円未満であるものを有する場合において、その内国法人が当該資産の当該取得価額に相当する金額につきその事業の用に供した日の属する事業年度において損金経理をしたときは、その損金経理をした金額は、当該事業年度の所得の金額の計算上、損金の額に算入する。

【法人税法基本通達】

（使用可能期間が1年未満の減価償却資産の範囲）

7-1-12　　　　令第133条《少額の減価償却資産の取得価額の損金算入》の使用可能期間が1年未満である減価償却資産とは、法人の属する業種（例えば、紡績業、鉄鋼業、建設業等の業種）において種類等を同じくする減価償却資産の使用状況、補充状況等を勘案して一般的に消耗性のものとして認識されている減価償却資産で、その法人の平均的な使用状況、補充状況等からみてその使用可能期間が1年未満であるものをいう。この場合において、種類等を同じくする減価償却資産のうちに材質、型式、性能等が著しく異なるため、その使用状況、補充状況等も著しく異なるものがあるときは、当該材質、型式、性能等の異なるものごとに判定することができる。（昭49年直法2-71「8」により改正）

（注）　平均的な使用状況、補充状況等は、おおむね過去3年間の平均値を基準として
　　　判定する。

[第11節] Q 他人の建物に対する造作の耐用年数

当社は本社建物について賃借しておりましたが、この度本社移転を行うこととなりました。この場合に既存の内部造作の未償却残高の取り扱いについて、耐用年数の適用等に関する取扱通達1-1-3但し書を用いて、契約解除通知した時点から退去時までの期間で償却することは可能でしょうか。

取得当初の耐用年数で減価償却費を計上し、退去時の事業年度に未償却残高を損金として計上すると考えられます。

解説

- 法人が建物を賃借し自己の用に供するため造作した場合、次の場合に応じ、それぞれの耐用年数で減価償却を行います（耐用年数の適用等に関する取扱通達1-1-3）。
  ①その造作が建物についてされた場合
    その建物の耐用年数、その造作の種類、用途、使用材質等を勘案して合理的に見積もった耐用年数
  ②その造作が建物附属設備についてされた場合
    その建物付属設備の耐用年数
- ただし、その建物について賃借期間（賃借期間の更新ができないものに限る）の定めがあり、かつ、有益費の請求又は買取請求ができない場合には、その賃借期間を耐用年数とすることも可能です。
- 上記通達1-1-3は、あくまで資産購入時の耐用年数を決定する際に選択できるものであると考えられます。したがって、本件の場合には、契約解除によって耐用年数の変更を行うことはできず、取得当初の耐用年数を利用し償却を行うことになると考えられます。

| 参考

【耐用年数の適用等に関する取扱通達】

（他人の建物に対する造作の耐用年数）

1-1-3　　　法人が建物を貸借し自己の用に供するため造作した場合（現に使用して
　　　　　　いる用途を他の用途に変えるために造作した場合を含む。）の造作に要
　　　　　　した金額は、当該造作が、建物についてされたときは、当該建物の耐用
　　　　　　年数、その造作の種類、用途、使用材質等を勘案して、合理的に見積っ
　　　　　　た耐用年数により、建物附属設備についてされたときは、建物附属設備
　　　　　　の耐用年数により償却する。ただし、当該建物について賃借期間の定め
　　　　　　があるもの（賃借期間の更新のできないものに限る。）で、かつ、有益費
　　　　　　の請求又は買取請求をすることができないものについては、当該賃借期
　　　　　　間を耐用年数として償却することができる。（昭46年直法4-11「1」、平
　　　　　　23年課法2-17「一」により改正）

（注）　同一の建物（一の区画ごとに用途を異にしている場合には、同一の用途に属す
　　　　る部分）についてした造作は、その全てを一の資産として償却をするのである
　　　　から、その耐用年数は、その造作全部を総合して見積ることに留意する。

第1章　法人税

[第12節] Q 匿名組合精算金

当社が匿名組合契約により出資している匿名組合について、清算が決定し、第1次精算金としてＸ年2月に分配金を受け取った。清算の時期はＸ年8月を予定している。この場合の分配金に関する益金算入の時期はいつになるのでしょうか。なお、当社の決算期は毎期4～3月であり、匿名組合の計算期間は1月～12月である。

匿名組合の計算期間の末日に属する事業年度の益金の額に算入することとなるため、Ｘ＋1年3月期決算にて益金の額に算入します。

解説

- 匿名組合契約とは、当事者の一方が相手方の営業のために出資を行い、その営業から生ずる利益を分配すべきことを約する契約であり（商法535条）、匿名組合員の出資は営業者の財産に帰属し、匿名組合員は営業者の行為について第三者に対して権利及び義務を有しない（商法536条）。
- 法人が匿名組合契約に係る匿名組合員の場合、現実に利益の分配を受け、又は損失の負担をしていない場合であっても、匿名組合契約によりその分配を受け又は負担をすべき部分の金額をその計算期間の末日の属する事業年度の益金の額又は損金の額に算入します（法人税法基本通達14-1-3）。
- したがって、匿名組合の計算期間の末日に帰属する益金又は損金の算入時期に合わせて、法人の匿名組合員も益金又は損金の算入を行うこととなります。
- 本件の場合、第1次精算金の帰属する匿名組合の計算期間の末日はＸ年8月（清算予定月）となります。したがって、3月決算である当社については、Ｘ＋1年3月期の決算にて、益金の額に算入することとなります。

【商法】

（匿名組合契約）

第五百三十五条　匿名組合契約は、当事者の一方が相手方の営業のために出資をし、その営業から生ずる利益を分配することを約することによって、その効力を生ずる。

（匿名組合員の出資及び権利義務）

第五百三十六条　匿名組合員の出資は、営業者の財産に属する。

2　匿名組合員は、金銭その他の財産のみをその出資の目的とすることができる。

3　匿名組合員は、営業者の業務を執行し、又は営業者を代表することができない。

4　匿名組合員は、営業者の行為について、第三者に対して権利及び義務を有しない。

【法人税法基本通達】

（匿名組合契約に係る損益）

14-1-3　　　　法人が匿名組合員である場合におけるその匿名組合営業について生じた利益の額又は損失の額については、現実に利益の分配を受け、又は損失の負担をしていない場合であっても、匿名組合契約によりその分配を受け又は負担をすべき部分の金額をその計算期間の末日の属する事業年度の益金の額又は損金の額に算入し、法人が営業者である場合における当該法人の当該事業年度の所得金額の計算に当たっては、匿名組合契約により匿名組合員に分配すべき利益の額又は負担させるべき損失の額を損金の額又は益金の額に算入する。
（昭55年直法2-15「三十三」、平17年課法2-14「十五」により改正）

[第13節] Q 無償資金提供

このたび、当社の100%子会社のA社（内国法人）の資金繰りが悪化したため無償で資金提供することとしました。この場合の法人税法上の取り扱いについて教えてください。

資金を支出した貴社はその金額が寄付金として全額損金不算入になるとともに、貴社保有のA社子法人株式の簿価修正を行うこととなります。又、資金を受領したA社では、受贈益の益金不算入として取り扱われるものと考えられます。

解説

【資金を提供した法人】

- 寄付金とは、寄付金、拠出金、見舞金その他のいずれの名義かを問わず、金銭その他の資産の贈与又は経済的利益の無償の供与等をいい、贈与又は供与時の時価が寄付金の額とされます。ただし、広告宣伝、交際費、福利厚生費等とされるべき一定の支出は除かれます（法人税法37条7項）。寄付金の額とされるのは、あくまで現実の支払いが完了したものであり、仮払金等として経理した場合であっても、その支払った事業年度で支出したものとして寄付金の損金不算入額の計算をします。
- 又、寄付金の支払いのための手形の振出しは現実の支払いには該当しないことに注意する必要があります。
- 子会社等を整理する場合の損失負担金や再建する場合の無利息貸付け等も経済的合理性を具備した相当な理由があると認められる場合を除いて、これら債権放棄や無利息貸付けも寄付金に該当することとなります（法人税法基本通達9-4-1、2、9-4-2の3、2の4）。
- 法人が各事業年度において、その法人との間に完全支配関係がある他の法人に対して支出した寄付金の額は、その法人の各事業年度の所得の金額の計算上、損金の額に算入しないこととされています（法人税法37条2項）。

●したがって、本件の子会社への無償の資金提供は寄付金として取り扱われるとともに、完全支配関係がある子法人への寄付金であることから全額損金不算入になると考えられます。

●又、全額益金不算入となる受贈益を受領した法人の親法人（寄附金の受領法人と完全支配関係がある法人）において、税務上、受贈益を受領した法人の株式について簿価修正（増額修正）を行う必要があることに留意が必要と考えられます（法人税法施行令119条の3第6項）。

【資金を受領した法人】

●法人間において資産又は経済的利益を無償又は低額にて譲り受けた場合、経済的合理性のない債務免除を受けた場合、法人税法上受贈益として一般的に取り扱われます。

●一方、法人が各事業年度においてその法人との間に完全支配関係（法人による完全支配関係に限る）がある他の法人から受けた受贈益の額は、その法人の所得の金額の計算上、益金の額に算入しないこととされております（法人税法25条の2）。

●本件の場合、無償の資金提供を実施したのは完全支配関係がある親法人であることから、受贈益の益金不算入として益金の額に算入しないことになると考えられます。

参考

【法人税法】

第二十五条の二　内国法人が各事業年度において当該内国法人との間に完全支配関係（法人による完全支配関係に限る。）がある他の内国法人から受けた受贈益の額（第三十七条（寄附金の損金不算入）又は第八十一条の六（連結事業年度における寄附金の損金不算入）の規定を適用しないとした場合に当該他の内国法人の各事業年度の所得の金額又は各連結事業年度の連結所得の金額の計算上損金の額に算入される第三十七条第七項（第八十一条の六第六項において準用する場合を含む。）に規定する寄附金の額に対応するものに限る。）は、当該内国法人の各事業年度の所得の金額の計算上、益金の額に算入しない。

2　前項に規定する受贈益の額は、寄附金、拠出金、見舞金その他いずれの名義をも

つてされるかを問わず、内国法人が金銭その他の資産又は経済的な利益の贈与又は無償の供与（広告宣伝及び見本品の費用その他これらに類する費用並びに交際費、接待費及び福利厚生費とされるべきものを除く。次項において同じ。）を受けた場合における当該金銭の額若しくは金銭以外の資産のその贈与の時における価額又は当該経済的な利益のその供与の時における価額によるものとする。

3　内国法人が資産の譲渡又は経済的な利益の供与を受けた場合において、その譲渡又は供与の対価の額が当該資産のその譲渡の時における価額又は当該経済的な利益のその供与の時における価額に比して低いときは、当該対価の額と当該価額との差額のうち実質的に贈与又は無償の供与を受けたと認められる金額は、前項の受贈益の額に含まれるものとする。

（寄附金の損金不算入）

第三十七条　（略）

2　内国法人が各事業年度において当該内国法人との間に完全支配関係（法人による完全支配関係に限る。）がある他の内国法人に対して支出した寄附金の額（第二十五条の二（受贈益の益金不算入）又は第八十一条の三第一項（第二十五条の二に係る部分に限る。）（個別益金額又は個別損金額の益金又は損金算入）の規定を適用しないとした場合に当該他の内国法人の各事業年度の所得の金額又は各連結事業年度の連結所得の金額の計算上益金の額に算入される第二十五条の二第二項に規定する受贈益の額に対応するものに限る。）は、当該内国法人の各事業年度の所得の金額の計算上、損金の額に算入しない。

3〜6　（略）

7　前各項に規定する寄附金の額は、寄附金、拠出金、見舞金その他いずれの名義をもつてするかを問わず、内国法人が金銭その他の資産又は経済的な利益の贈与又は無償の供与（広告宣伝及び見本品の費用その他これらに類する費用並びに交際費、接待費及び福利厚生費とされるべきものを除く。次項において同じ。）をした場合における当該金銭の額若しくは金銭以外の資産のその贈与の時における価額又は当該経済的な利益のその供与の時における価額によるものとする。

【法人税法施行令】

（移動平均法を適用する有価証券について評価換え等があつた場合の一単位当たりの帳簿価額の算出の特例）

第百十九条の三　1～5（略）

6　内国法人の有する第九条第一項第七号に規定する子法人の株式について同号に規定する寄附修正事由が生じた場合には、その株式の当該寄附修正事由が生じた直後の移動平均法により算出した一単位当たりの帳簿価額は、当該寄附修正事由が生じた時の直前の帳簿価額に同号に掲げる金額を加算した金額をその株式の数で除して計算した金額とする。

【法人税法基本通達】

（子会社等を整理する場合の損失負担等）

9-4-1　　　　法人がその子会社等の解散、経営権の譲渡等に伴い当該子会社等のために債務の引受けその他の損失負担又は債権放棄等（以下9-4-1において「損失負担等」という。）をした場合において、その損失負担等をしなければ今後より大きな損失を蒙ることになることが社会通念上明らかであると認められるためやむを得ずその損失負担等をするに至った等そのことについて相当な理由があると認められるときは、その損失負担等により供与する経済的利益の額は、寄附金の額に該当しないものとする。（昭55年直法2-8「三十三」により追加、平10年課法2-6により改正）

（注）　子会社等には、当該法人と資本関係を有する者のほか、取引関係、人的関係、資金関係等において事業関連性を有する者が含まれる（以下9-4-2において同じ。）。

（子会社等を再建する場合の無利息貸付け等）

9-4-2　　　　法人がその子会社等に対して金銭の無償若しくは通常の利率よりも低い利率での貸付け又は債権放棄等（以下9-4-2において「無利息貸付け等」という。）をした場合において、その無利息貸付け等が例えば業績不振の子会社等の倒産を防止するためにやむを得ず行われるもので合理的な

再建計画に基づくものである等その無利息貸付け等をしたことについて相当な理由があると認められるときは、その無利息貸付け等により供与する経済的利益の額は、寄附金の額に該当しないものとする。(昭55年直法2-8「三十三」により追加、平10年課法2-6により改正)

(注)　合理的な再建計画かどうかについては、支援額の合理性、支援者による再建管理の有無、支援者の範囲の相当性及び支援割合の合理性等について、個々の事例に応じ、総合的に判断するのであるが、例えば、利害の対立する複数の支援者の合意により策定されたものと認められる再建計画は、原則として、合理的なものと取り扱う。

(仮払経理した寄附金)

9-4-2の3　法人が各事業年度において支払った寄附金の額を仮払金等として経理した場合には、当該寄附金はその支払った事業年度において支出したものとして法第37条第1項又は第2項《寄附金の損金不算入》の規定を適用することに留意する。(昭55年直法2-8「三十三」、平10年課法2-7「十一」、平15年課法2-7「二十五」、平19年課法2-3「二十三」により改正)

(手形で支払った寄附金)

9-4-2の4　令第78条《支出した寄附金の額》に規定する「支払」とは、法人がその寄附金を現実に支払ったことをいうのであるから、当該寄附金の支払のための手形の振出し(裏書譲渡を含む。)は、現実の支払には該当しないことに留意する。(昭50年直法2-21「24」により追加、昭55年直法2-8「三十三」、平15年課法2-7「二十五」、平22年課法2-1「十九」により改正)

[第14節] Q 役員給与の増額①

当社には大学生の非常勤役員がいますが、大学卒業に伴い常勤役員となる予定です。この際に、役員給与を増額することを考えておりますが、税務上損金として算入することはできるでしょうか。

 定期同額給与の臨時改定事由による改定に該当すると考えられますので、損金算入することができると考えられます。

解説

- 定期同額給与とは、支給時期が1月以下の一定の期間ごとであり、かつ、その事業年度内の各支給時期における支給額が同額であるものをいい、これに準ずる次のものを含みます（法人税法34条1項1号、法人税法施行令69条1項1号）。
  ① 事業年度開始3月経過日等以内の通常の改定
  ② 臨時改定事由による改定
  ③ 業績悪化改定事由による改定
- このうち、臨時改定事由による改定とは、役員の職制上の地位の変更、職務内容の重大な変更その他これらに類するやむを得ない事情により改定された場合を指します。ここでいう「やむを得ない事情」とは例えば、代表取締役の急逝等により他の役員が代表取締役へ昇格する場合、合併等により役員等の職務内容が大幅に変わる場合等が考えられます（法人税法基本通達9-2-12の3）。
- 本件の場合、非常勤役員が常勤役員になっていることから、職務内容の重大な変更等の臨時改定事由に該当すると考えられます。したがって、役員給与の増額を行った場合にも原則として損金算入することができると考えられます。
- ただし、その場合にも株主総会議事録等により、大学卒業を機に職務内容に大幅な変更が生じたことや当該改定後の報酬が職務に見合ったものであることを明らかにすべきと考えられます。

第1章　法人税

参考

【法人税法】

（役員給与の損金不算入）

第三十四条　内国法人がその役員に対して支給する給与（退職給与で業績連動給与に該当しないもの、使用人としての職務を有する役員に対して支給する当該職務に対するもの及び第三項の規定の適用があるものを除く。以下この項において同じ。）のうち次に掲げる給与のいずれにも該当しないものの額は、その内国法人の各事業年度の所得の金額の計算上、損金の額に算入しない。

一　その支給時期が一月以下の一定の期間ごとである給与（次号イにおいて「定期給与」という。）で当該事業年度の各支給時期における支給額が同額であるものその他これに準ずるものとして政令で定める給与（同号において「定期同額給与」という。）

【法人税法施行令】

（定期同額給与の範囲等）

第六十九条　法第三十四条第一項第一号（役員給与の損金不算入）に規定する政令で定める給与は、次に掲げる給与とする。

一　法第三十四条第一項第一号に規定する定期給与（以下第六項までにおいて「定期給与」という。）で、次に掲げる改定（以下この号において「給与改定」という。）がされた場合における当該事業年度開始の日又は給与改定前の最後の支給時期の翌日から給与改定後の最初の支給時期の前日又は当該事業年度終了の日までの間の各支給時期における支給額が同額であるもの

イ　当該事業年度開始の日の属する会計期間（法第十三条第一項（事業年度の意義）に規定する会計期間をいう。第四項第一号及び第十三項において同じ。）開始の日から三月（法第七十五条の二第一項各号（確定申告書の提出期限の延長の特例）の指定を受けている内国法人にあつては、その指定に係る月数に二を加えた月数）を経過する日（イにおいて「三月経過日等」という。）まで（定期給与の額の改定（継続して毎年所定の時期にされるものに限る。）が三月経過日等後にされることについて特別の事情があると認められる場合にあ

つては、当該改定の時期）にされた定期給与の額の改定

ロ　当該事業年度において当該内国法人の役員の職制上の地位の変更、その役員の職務の内容の重大な変更その他これらに類するやむを得ない事情（第四項第二号及び第五項第一号において「臨時改定事由」という。）によりされたこれらの役員に係る定期給与の額の改定（イに掲げる改定を除く。）

ハ　当該事業年度において当該内国法人の経営の状況が著しく悪化したことその他これに類する理由（第五項第二号において「業績悪化改定事由」という。）によりされた定期給与の額の改定（その定期給与の額を減額した改定に限り、イ及びロに掲げる改定を除く。）

【法人税法基本通達】

（職制上の地位の変更等）

9-2-12の3　　　令第69条第1項第1号ロ《定期同額給与の範囲等》に規定する「役員の職制上の地位の変更、その役員の職務の内容の重大な変更その他これらに類するやむを得ない事情」とは、例えば、定時株主総会後、次の定時株主総会までの間において社長が退任したことに伴い臨時株主総会の決議により副社長が社長に就任する場合や、合併に伴いその役員の職務の内容が大幅に変更される場合をいう。（平19年課法2-17「二十」により追加）

（注）　役員の職制上の地位とは、定款等の規定又は総会若しくは取締役会の決議等により付与されたものをいう。

[第15節] **Q 役員給与の増額②**

　当社（3月決算）の役員給与について、当初業績が低迷していたため今期の役員給与の増額を行っていなかったのですが、大口の取引が入り業績が回復傾向のため増額を行いたいと考えております。既に期首より3カ月を経過しておりますが、法人税法上の取り扱いについて教えてください。

　業績が回復したことに伴う役員給与の増額は臨時改定事由や特別の事情があると認められる役員給与の決定には該当しないことから、法人税法上は増額分について損金算入することはできないものと考えられます。

解説

●定期同額給与とは、その支給時期が1月以下の一定の期間ごとである給与で当該事業年度の各支給時期における支給額が同額であるものをいい、次に掲げるものを含みます（法人税法34条1項1号、法人税法施行令69条1項1号）。
①事業年度開始3月経過日等以内の通常の改定
②臨時改定事由による改定
③業績悪化改定事由による改定

【事業年度開始3月経過日等以内の通常の改定】
●事業年度開始3月経過日等以内の通常の改定について、原則として、事業年度開始の日の属する会計期間開始の日から3カ月以内にされた定期給与の額の改定をいいます。したがって、3カ月を超えた改定の場合には損金として算入することはできません。
●ただし、例外が定められており、定期給与の額の改定（継続して毎年所定の時期にされるものに限る）が3月経過日等後にされることについて特別の事情があると認められる場合には、当該改定の時期に役員給与の改定を行うことが認められており

ます（法人税法施行令69条1項1号イかっこ書）。

●この「特別の事情があると認められる場合」とは、例えば、法人の役員給与の額がその親会社の役員給与の額を参酌して決定されるなどの常況にあるため、当該親会社の定時株主総会の終了後でなければ当該法人の役員の定期給与の額の改定に係る決議ができない等の事情により定期給与の額の改定が3月経過日等後にされる場合をいいます（法人税法基本通達9-2-12の2）。

●したがって、大口の取引が発生したことによる業績好転を理由に役員給与の額を改定することは、特別の事情があるとは認められないと考えられます。

【臨時改定事由による改定】

●役員の職制上の地位の変更、職務内容の重大な変更その他これらに類するやむを得ない事情によりされた改定を指します。ここでいう「やむを得ない事情」とは例えば、代表取締役の急逝等により他の役員が代表取締役へ昇格する場合、合併等により役員等の職務内容が大幅に変わる場合等が考えられます（法人税法基本通達9-2-12の3）。

●したがって、大口の取引が発生したことによる業績好転を理由に役員給与の額を改定することは、やむを得ない事情には該当しないと考えられます。

【業績悪化改定事由による改定】

●経営状況が著しく悪化したことなどやむを得ず役員給与を減額せざるを得ない事情があることをいいます（法人税法基本通達9-2-13）。

●したがって、業績が好転した場合等を理由に役員給与を増額することは法人税法上認められていないものと考えられます。

参考

【法人税法】

（役員給与の損金不算入）

第三十四条　内国法人がその役員に対して支給する給与（退職給与で業績連動給与に該当しないもの、使用人としての職務を有する役員に対して支給する当該職務に対するもの及び第三項の規定の適用があるものを除く。以下こ

の項において同じ。）のうち次に掲げる給与のいずれにも該当しないも
のの額は、その内国法人の各事業年度の所得の金額の計算上、損金の額
に算入しない。

一　その支給時期が一月以下の一定の期間ごとである給与（次号イにおいて「定期給
与」という。）で当該事業年度の各支給時期における支給額が同額であるものその
他これに準ずるものとして政令で定める給与（同号において「定期同額給与」とい
う。）

【法人税法施行令】

（定期同額給与の範囲等）

第六十九条　　　法第三十四条第一項第一号（役員給与の損金不算入）に規定する政
　　　　　　　令で定める給与は、次に掲げる給与とする。

一　法第三十四条第一項第一号に規定する定期給与（以下第六項までにおいて「定期
給与」という。）で、次に掲げる改定（以下この号において「給与改定」という。）が
された場合における当該事業年度開始の日又は給与改定前の最後の支給時期の翌
日から給与改定後の最初の支給時期の前日又は当該事業年度終了の日までの間の
各支給時期における支給額が同額であるもの

　イ　当該事業年度開始の日の属する会計期間（法第十三条第一項（事業年度の意
　　　義）に規定する会計期間をいう。第四項第一号及び第十三項において同じ。）
　　　開始の日から三月（法第七十五条の二第一項各号（確定申告書の提出期限の
　　　延長の特例）の指定を受けている内国法人にあつては、その指定に係る月数
　　　に二を加えた月数）を経過する日（イにおいて「三月経過日等」という。）まで
　　　（定期給与の額の改定（継続して毎年所定の時期にされるものに限る。）が三
　　　月経過日等後にされることについて特別の事情があると認められる場合にあ
　　　つては、当該改定の時期）にされた定期給与の額の改定

　ロ　当該事業年度において当該内国法人の役員の職制上の地位の変更、その役員
　　　の職務の内容の重大な変更その他これらに類するやむを得ない事情（第四項
　　　第二号及び第五項第一号において「臨時改定事由」という。）によりされたこ
　　　れらの役員に係る定期給与の額の改定（イに掲げる改定を除く。）

　ハ　当該事業年度において当該内国法人の経営の状況が著しく悪化したことその

他これに類する理由（第五項第二号において「業績悪化改定事由」という。）によりされた定期給与の額の改定（その定期給与の額を減額した改定に限り、イ及びロに掲げる改定を除く。）

【法人税法基本通達】

（特別の事情があると認められる場合）

9-2-12の2　　　令第69条第1項第1号イ《定期同額給与の範囲等》に規定する「3月経過日等後にされることについて特別の事情があると認められる場合」とは、例えば、法人の役員給与の額がその親会社の役員給与の額を参酌して決定されるなどの常況にあるため、当該親会社の定時株主総会の終了後でなければ当該法人の役員の定期給与（法第34条第1項第1号（（定期同額給与））に規定する定期給与をいう。以下9-2-12の2において同じ。）の額の改定に係る決議ができない等の事情により定期給与の額の改定が3月経過日等（令第69条第1項第1号イに規定する3月経過日等をいう。）後にされる場合をいう。（平19年課法2-17「二十」により追加、平29年課法2-17「十二」により改正）

（職制上の地位の変更等）

9-2-12の3　　　令第69条第1項第1号ロ《定期同額給与の範囲等》に規定する「役員の職制上の地位の変更、その役員の職務の内容の重大な変更その他これらに類するやむを得ない事情」とは、例えば、定時株主総会後、次の定時株主総会までの間において社長が退任したことに伴い臨時株主総会の決議により副社長が社長に就任する場合や、合併に伴いその役員の職務の内容が大幅に変更される場合をいう。（平19年課法2-17「二十」により追加）

（注）　役員の職制上の地位とは、定款等の規定又は総会若しくは取締役会の決議等により付与されたものをいう。

（経営の状況の著しい悪化に類する理由）

9-2-13　　　　　　　令第69条第1項第1号ハ《定期同額給与の範囲等》に規定する「経営の状況が著しく悪化したことその他これに類する理由」とは、経営状況が著しく悪化したことなどやむを得ず役員給与を減額せざるを得ない事情があることをいうのであるから、法人の一時的な資金繰りの都合や単に業績目標値に達しなかったことなどはこれに含まれないことに留意する。（平19年課法2-3「二十二」により追加、平19年課法2-17「二十」により改正）

[第16節] Q 役員退職金

当社の代表取締役が退職に伴い、退職金の支給を受ける予定です。退職後は会長に就任する予定であり、給与は以前の50％以下で他の取締役に比しても低く、週2日程度の勤務、経営には携わらないこととなっております。ただし、当社の親会社の拒否権付種類株式（いわゆる黄金株）を1株保持しており、親会社の決議事項について拒否する権利を有しています。なお、退職金は合理的な金額を計算し、支給する予定です。

この場合に、役員への退職金について法人税法上否認されるものでしょうか。

法人税法基本通達9-2-32に規定されている実質的に退職したと同様の事情があると認められ、かつ、子会社である当社の株式については直接保有していないこと、役員ではなく経営に参画しているわけでもないため否認されるリスクは少ないものと考えられます。

解説

- 法人税法基本通達9-2-32において、役員が実質的に退職したと同様の事情にあると認められることによるものである場合として次に掲げる事実が例示されております。
  ① 常勤役員が非常勤役員になったこと
  ② 取締役が監査役になったこと
  ③ 分掌変更等の後におけるその役員の給与が激減（おおむね50％以上の減少）したこと
- 本件の場合、社長は会長に就任し、実質的にも経営には携わらないことになっており、給与も社長就任時に比べ激減していることから上記役員が実質的に退職したと

同様の事情にあると考えられます。

●その他、親会社の黄金株を所持しておりますが、当社の株式については直接保有しておらず、会長が経営に関与できる状況が限定的であります。

●上記事実を総合的に判断した結果、実質的に退職したと同様の事情があると考えられることから、当社の役員退職金が否認されるリスクは少ないものと考えられます。

| 参考

<参考>

【法人税法基本通達】

(役員の分掌変更等の場合の退職給与)

9-2-32 　法人が役員の分掌変更又は改選による再任等に際しその役員に対し退職給与として支給した給与については、その支給が、例えば次に掲げるような事実があったことによるものであるなど、その分掌変更等によりその役員としての地位又は職務の内容が激変し、実質的に退職したと同様の事情にあると認められることによるものである場合には、これを退職給与として取り扱うことができる。(昭54年直法2-31「四」、平19年課法2-3「二十二」、平23年課法2-17「十八」により改正)

(1) 　常勤役員が非常勤役員(常時勤務していないものであっても代表権を有する者及び代表権は有しないが実質的にその法人の経営上主要な地位を占めていると認められる者を除く。)になったこと。

(2) 　取締役が監査役(監査役でありながら実質的にその法人の経営上主要な地位を占めていると認められる者及びその法人の株主等で令第71条第1項第5号《使用人兼務役員とされない役員》に掲げる要件の全てを満たしている者を除く。)になったこと。

(3) 　分掌変更等の後におけるその役員(その分掌変更等の後においてもその法人の経営上主要な地位を占めていると認められる者を除く。)の給与が激減(おおむね50%以上の減少)したこと。

(注) 　本文の「退職給与として支給した給与」には、原則として、法人が未払金等に計上した場合の当該未払金等の額は含まれない。

[第17節] Q 役員退職金算定における勤続年数

当社では、このたび役員が退任することとなり、退職金を支給することとなりました。役員は入社から10年で役員に就任しており、役員就任時に従業員分としての退職金を支給しております。当社の役員退職慰労金規定では、最終報酬月額×功績倍率×勤続年数を役員退職金として支給することとしておりますが、この場合の「勤続年数」について、役員就任時からではなく入社日を起算日とした場合、過大退職金と判定されることがあるのでしょうか。

A いわゆる功績倍率法に基づいて支給する退職給与は、使用人としての勤続年数は含みません。したがって、使用人としての勤続年数を含めて計算した場合、使用人分の退職金は否認されることになると考えられます。

解説

- 役員退職給与の適正額を算定する方法としての功績倍率法は、役員の退職の直前に支給した給与の額を基礎として、役員の法人の業務に従事した期間及び役員の職責に応じた倍率を乗ずる方法により支給する金額が算定される方法をいいます（法人税法基本通達9-2-27の2）。
- 役員に対する退職給与のうち、その額が、役員の在職期間、その退職の事情、その法人と同種の事業を営む法人でその事業規模が類似するものの役員の退職給与の支給の状況に照らし、その退職した役員に対する退職給与として相当と認められる金額を超える場合その超える部分の金額は、損金経理の有無にかかわらず、損金の額に算入されないこととされています（法人税法34条2項、法人税法施行令70条）。
- 又、法人の使用人が役員に昇格した場合の退職金については、それぞれ次のような取り扱いとなります（国税庁HP、タックスアンサーNo.5203 使用人が役員へ昇格したとき又は役員が分掌変更したときの退職金）。

1. 法人の使用人が役員に昇格した場合において、退職給与規程に基づき、使用人であった期間の退職金として計算される金額を支給したときは、その支給した事業年度の損金の額に算入されます。ただし、未払金に計上した場合には損金の額に算入されませんので注意してください。

2. 使用人兼務役員が、副社長や専務取締役など使用人兼務役員とされない役員となった場合において、使用人兼務役員であった期間の退職金として支給した金額は、たとえ使用人の職務に対する退職金として計算されているときであっても、その役員に対する退職金以外の給与となります。ただし、その支給が次のいずれにも該当するものについては、その支給した金額は使用人としての退職金として取り扱われます。

　（ア）　過去において使用人から使用人兼務役員に昇格した者（使用人であった期間が相当の期間であるものに限ります）であり、その昇格をしたときに使用人であった期間に係る退職金の支給をしていないこと。

　（イ）　支給した金額が使用人としての退職給与規程に基づき、使用人であった期間及び使用人兼務役員であった期間を通算して、その使用人としての職務に対する退職金として計算され、かつ、退職金として相当な金額であると認められること。

3. 法人が退職給与規程を制定又は改正して、使用人から役員に昇格した人に退職金を支給することとした場合に、その制定等のときに既に使用人から役員に昇格している人の全員に使用人であった期間の退職金をその制定のときに支給して損金の額に算入したときは、その支給が次のいずれにも該当するものについては、その損金の額に算入することが認められます。

　（ア）　過去において、これらの人に使用人であった期間の退職金の支給をしていないこと。この場合、中小企業退職金共済制度又は確定拠出年金制度への移行等により、退職給与規程を制定又は改正し、使用人に退職金を打切支給した場合でも、その支給に相当の理由があり、かつ、その後は過去の在職年数を加味しないこととしているときは、過去において、退職金を支給していないものとして取り扱われます。

　（イ）　支給した退職金の額が、その役員が役員となった直前の給与の額を基礎として、その後のベースアップの状況等を斟酌して計算される退職金の

額として相当な金額であること。

●本件の場合、役員就任時に既に従業員分の退職金を支給しております。したがって、使用人であった期間も含めて役員退職金を支給することは、退職した役員に対する退職給与として相当と認められる金額を超えると考えられます。

| 参考

【法人税法】

（役員給与の損金不算入）

第三十四条　（略）

2　内国法人がその役員に対して支給する給与（前項又は次項の規定の適用があるものを除く。）の額のうち不相当に高額な部分の金額として政令で定める金額は、その内国法人の各事業年度の所得の金額の計算上、損金の額に算入しない。

【法人税法施行令】

（過大な役員給与の額）

第七十条　　　法第三十四条第二項（役員給与の損金不算入）に規定する政令で定める金額は、次に掲げる金額の合計額とする。

　一　次に掲げる金額のうちいずれか多い金額

　　イ　内国法人が各事業年度においてその役員に対して支給した給与（法第三十四条第二項に規定する給与のうち、退職給与以外のものをいう。以下この号において同じ。）の額（第三号に掲げる金額に相当する金額を除く。）が、当該役員の職務の内容、その内国法人の収益及びその使用人に対する給与の支給の状況、その内国法人と同種の事業を営む法人でその事業規模が類似するものの役員に対する給与の支給の状況等に照らし、当該役員の職務に対する対価として相当であると認められる金額を超える場合におけるその超える部分の金額（その役員の数が二以上である場合には、これらの役員に係る当該超える部分の金額の合計額）

　　ロ　定款の規定又は株主総会、社員総会若しくはこれらに準ずるものの決議により役員に対する給与として支給することができる金銭の額の限度額若しくは算定方法又は金銭以外の資産（ロにおいて「支給対象資産」という。）の内容

（ロにおいて「限度額等」という。）を定めている内国法人が、各事業年度にお
いてその役員（当該限度額等が定められた給与の支給の対象となるものに限
る。ロにおいて同じ。）に対して支給した給与の額（法第三十四条第六項に規
定する使用人としての職務を有する役員（第三号において「使用人兼務役員」
という。）に対して支給する給与のうちその使用人としての職務に対するも
のを含めないで当該限度額等を定めている内国法人については、当該事業年
度において当該職務に対する給与として支給した金額（同号に掲げる金額に
相当する金額を除く。）のうち、その内国法人の他の使用人に対する給与の
支給の状況等に照らし、当該職務に対する給与として相当であると認められ
る金額を除く。）の合計額が当該事業年度に係る当該限度額及び当該算定方
法により算定された金額並びに当該支給対象資産（当該事業年度に支給され
たものに限る。）の支給の時における価額（第七十一条の三第一項（確定した
数の株式を交付する旨の定めに基づいて支給する給与に係る費用の額等）に
規定する確定数給与にあつては、同項に規定する交付決議時価額）に相当す
る金額の合計額を超える場合におけるその超える部分の金額（同号に掲げる
金額がある場合には、当該超える部分の金額から同号に掲げる金額に相当す
る金額を控除した金額）

二　内国法人が各事業年度においてその退職した役員に対して支給した退職給与
（法第三十四条第一項又は第三項の規定の適用があるものを除く。以下この号
において同じ。）の額が、当該役員のその内国法人の業務に従事した期間、そ
の退職の事情、その内国法人と同種の事業を営む法人でその事業規模が類似す
るものの役員に対する退職給与の支給の状況等に照らし、その退職した役員に
対する退職給与として相当であると認められる金額を超える場合におけるその
超える部分の金額

三　使用人兼務役員の使用人としての職務に対する賞与で、他の使用人に対する賞
与の支給時期と異なる時期に支給したものの額

【法人税法基本通達】

（業績連動給与に該当しない退職給与）

9-2-27の2　　　いわゆる功績倍率法に基づいて支給する退職給与は、法第34条第

5項((業績連動給与))に規定する業績連動給与に該当しないのであるから、同条第1項((役員給与の損金不算入))の規定の適用はないことに留意する。(平29年課法2-17「十二」により追加)

(注) 本文の功績倍率法とは、役員の退職の直前に支給した給与の額を基礎として、役員の法人の業務に従事した期間及び役員の職責に応じた倍率を乗ずる方法により支給する金額が算定される方法をいう。

[第18節] Q 立退料

当社では新社屋を建設するため、新たに建物付土地を取得しました。新社屋を建設するためには取得した土地に付いている建物の取り壊し及び整地が必要になります。又、その建物に住む住民に立退料を支払う必要があります。これらの新社屋建設に伴い発生する費用の取り扱いはどのようにすべきでしょうか。

A 建物の取り壊し及び立退料については、土地の取得価額に算入します。又、整地費用については、その目的により土地又は建物等の取得価額に算入します。

解説

【取壊し費用】
- 法人が建物等の存する土地（借地権を含む）を建物等とともに取得した場合又は自己の有する土地の上に存する借地人の建物等を取得した場合において、その取得後おおむね1年以内に当該建物等の取壊しに着手する等、当初からその建物等を取り壊して土地を利用する目的であることが明らかであると認められるときは、当該建物等の取壊しのときにおける帳簿価額及び取壊費用の合計額は、当該土地の取得価額に算入します（法人税法基本通達7-3-6）。
- 本件の場合、新社屋建設のために建物付土地を取得しており、当初より建物を取り壊すことが明確であることから、建物取り壊しにかかった費用については土地の取得価額に算入すると考えられます。

【整地費用】
- 建物取り壊し後の整地費用について、新たに取得した土地の事業の用に供する費用であることから原則として土地の取得価額に算入すると考えられます（法人税法施行令54条1項1号）。

●ただし、当該整地費用が新社屋建設のために行う地質調査、地盤強化、地盛り、特殊な切土等土地の改良のためのものでない工事に要した費用の場合、新社屋の建物等の取得価額に算入すると考えられます（法人税法基本通達7-3-4注書）。

【立退料】

●法人が土地、建物等の取得に際し、当該土地、建物等の使用者等に支払う立退料その他立退きのために要した金額は、当該土地、建物等の取得価額に算入するため、本件の立退料についても同様に土地の取得価額に算入すると考えられます（法人税法基本通達7-3-5）。

参考

【法人税法施行令】

（減価償却資産の取得価額）

第五十四条　減価償却資産の第四十八条から第五十条まで（減価償却資産の償却の方法）に規定する取得価額は、次の各号に掲げる資産の区分に応じ当該各号に定める金額とする。

一　購入した減価償却資産　次に掲げる金額の合計額

　　イ　当該資産の購入の代価（引取運賃、荷役費、運送保険料、購入手数料、関税（関税法第二条第一項第四号の二（定義）に規定する附帯税を除く。）その他当該資産の購入のために要した費用がある場合には、その費用の額を加算した金額）

　　ロ　当該資産を事業の用に供するために直接要した費用の額

【法人税法基本通達】

（土地についてした防壁、石垣積み等の費用）

7-3-4　　　埋立て、地盛り、地ならし、切土、防壁工事その他土地の造成又は改良のために要した費用の額はその土地の取得価額に算入するのであるが、土地についてした防壁、石垣積み等であっても、その規模、構造等からみて土地と区分して構築物とすることが適当と認められるものの費用の額は、土地の取得価額に算入しないで、構築物の取得価額とすることが

できる。

上水道又は下水道の工事に要した費用の額についても、同様とする。(昭55年直法2-8「二十一」により改正)

(注) 専ら建物、構築物等の建設のために行う地質調査、地盤強化、地盛り、特殊な切土等土地の改良のためのものでない工事に要した費用の額は、当該建物、構築物等の取得価額に算入する。

(土地、建物等の取得に際して支払う立退料等)

7-3-5　法人が土地、建物等の取得に際し、当該土地、建物等の使用者等に支払う立退料その他立退きのために要した金額は、当該土地、建物等の取得価額に算入する。

(土地とともに取得した建物等の取壊費等)

7-3-6　法人が建物等の存する土地(借地権を含む。以下7-3-6において同じ。)を建物等とともに取得した場合又は自己の有する土地の上に存する借地人の建物等を取得した場合において、その取得後おおむね1年以内に当該建物等の取壊しに着手する等、当初からその建物等を取り壊して土地を利用する目的であることが明らかであると認められるときは、当該建物等の取壊しの時における帳簿価額及び取壊費用の合計額(廃材等の処分によって得た金額がある場合は、当該金額を控除した金額)は、当該土地の取得価額に算入する。

第2章

消費税

第1節　マンスリーマンション、賃貸期間1カ月の貸付け
第2節　リース延払基準における課税仕入れ
第3節　委託契約
第4節　簡易課税への変更
第5節　特定新規設立法人の取り扱い

[第1節] Q マンスリーマンション、賃貸期間1カ月の貸付け

　当社は以下の条件で住宅の貸付けを行っていますが、消費税の取り扱いはどのようになりますか。
1. 居住用での入居を目的とした1カ月の定期借家契約を締結している。
2. 旅館業法に規定する「旅館業」に該当しないことを確認済である。
3. 1カ月未満の中途解約の場合には、退去時に1カ月分の賃貸料を受け取る。

　賃貸期間が1カ月以上の住宅の貸付けに該当するため非課税とされます。

解説
- 人の居住の用に供することが明らかにされている住宅の貸付けは、非課税とされます（消費税法6条1項、消費税法別表第一第13号）。
- ただし、貸付期間が1カ月未満又は旅館業に係る施設の貸付けに該当する場合、住宅の貸付けから除かれ、課税の対象となります（消費税法施行令16条の2）。
- 本件の場合、①人の居住の用に供することが契約上明らかとされていること、②旅館業法に規定する「旅館業」に係る貸付けに該当しないこと、及び③貸付期間が1カ月以上であることから、消費税法上、非課税の住宅の貸付けに該当することとなります。

参考

【消費税法】

（非課税）

第六条　　　国内において行われる資産の譲渡等のうち、別表第一に掲げるものには、消費税を課さない。

別表第一（第六条関係）

十三　　　　住宅（人の居住の用に供する家屋又は家屋のうち人の居住の用に供する部分をいう。）の貸付け（当該貸付けに係る契約において人の居住の用に供することが明らかにされているものに限るものとし、一時的に使用させる場合その他の政令で定める場合を除く。）

【消費税法施行令】

（住宅の貸付けから除外される場合）

第十六条の二　　法別表第一第十三号に規定する政令で定める場合は、同号に規定する住宅の貸付けに係る期間が一月に満たない場合及び当該貸付けが旅館業法（昭和二十三年法律第百三十八号）第二条第一項（定義）に規定する旅館業に係る施設の貸付けに該当する場合とする。

第2章　消費税

[第2節] **Q リース延払基準における課税仕入れ**

> リース賃貸をしている法人があり、当期より延払基準により経理することにより長期割賦販売等に係る資産の譲渡等の時期の特例を受ける予定です。当該特例を適用された場合の課税仕入れ（リース賃貸資産）の計上時期はどのようにすればよいでしょうか。

リース賃貸資産の取得については、消費税法上、延払基準に従い、課税仕入れを各事業年度に分けて計上する方法は定められていません。したがって、課税仕入れは、原則として、当該リース賃貸資産の引き渡し等を受けた日に計上することになると考えられます。

解説

【リース取引における賃貸人の課税仕入れについて】

- 「課税仕入れを行った日」は、課税仕入れに該当することとされる資産の譲受け若しくは借受けをした日又は役務の提供を受けた日をいい、これらの日がいつであるかについては、別に定めるものを除き、第9章《資産の譲渡等の時期》の取り扱いに準じます（消費税法基本通達11-3-1）。
- この点、ご質問のリース賃貸資産の取得については、消費税法上、①の延払基準に従い、課税仕入れを各事業年度に分けて計上する方法は定められておりません。
- したがって、課税仕入れは、原則として、②の当該リース賃貸資産の引き渡し等を受けた日に計上するものと考えられます。

【リース取引の賃貸人における課税売上について】

- 所得税法又は法人税法の規定により売買があったものとされるリース取引については、原則として、賃貸人が賃借人にその取引の目的となる資産（以下、「リース資産」）の引渡し（以下、「リース譲渡」）を行った日に資産の譲渡があったことになります。
- ただし、事業者がリース取引について所得税法又は法人税法の所得金額の計算にお

いて延払基準の方法により経理することにより長期割賦販売等に係る資産の譲渡等の時期の特例の適用を受けている場合には、消費税の課税売上の計上についてもこの特例の適用を受けることができます。

★なお、長期割賦販売等に該当する資産の販売等を延払基準の方法により経理したときの収益・費用の計上の仕方の特例については平成30年度税制改正で対象となる資産の販売等がリース譲渡に限定されました。

| 参考

【消費税法】

(リース譲渡に係る資産の譲渡等の時期の特例)

第十六条　事業者が所得税法第六十五条第一項 (リース譲渡に係る収入及び費用の帰属時期) 又は法人税法第六十三条第一項 (リース譲渡に係る収益及び費用の帰属事業年度) に規定するリース譲渡に該当する資産の譲渡等 (以下この条において「リース譲渡」という。) を行つた場合において、当該事業者がこれらの規定の適用を受けるため当該リース譲渡に係る対価の額につきこれらの規定に規定する延払基準の方法により経理することとしているときは、当該リース譲渡のうち当該リース譲渡に係る賦払金の額で当該リース譲渡をした日の属する課税期間においてその支払の期日が到来しないもの (当該課税期間において支払を受けたものを除く。) に係る部分については、当該事業者が当該課税期間において資産の譲渡等を行わなかつたものとみなして、当該部分に係る対価の額を当該課税期間における当該リース譲渡に係る対価の額から控除することができる。

2　前項の規定によりリース譲渡をした日の属する課税期間において資産の譲渡等を行わなかつたものとみなされた部分は、政令で定めるところにより、当該事業者が当該リース譲渡に係る賦払金の支払の期日の属する各課税期間においてそれぞれ当該賦払金に係る部分の資産の譲渡等を行つたものとみなす。ただし、所得税法第六十五条第一項ただし書又は法人税法第六十三条第一項ただし書に規定する

場合に該当することとなつた場合は、所得税法第六十五条第一項ただし書に規定する経理しなかつた年の十二月三十一日の属する課税期間以後の課税期間又は法人税法第六十三条第一項ただし書に規定する経理しなかつた決算に係る事業年度終了の日の属する課税期間以後の課税期間若しくは同条第三項若しくは第四項の規定の適用を受けた事業年度終了の日の属する課税期間以後の課税期間については、この限りでない。

3　第一項又は前項本文の規定の適用を受けようとする事業者は、第四十五条第一項の規定による申告書（当該申告書に係る国税通則法第十八条第二項（期限後申告）に規定する期限後申告書を含む。次条第四項及び第十八条第二項において同じ。）にその旨を付記するものとする。

4　前項に定めるもののほか、第一項の規定の適用を受ける個人事業者が死亡した場合、同項の規定の適用を受ける法人が合併により消滅した場合若しくは同項の規定の適用を受ける法人が分割によりリース譲渡に係る事業を分割承継法人に承継させた場合又は同項の規定の適用を受ける事業者が第九条第一項本文の規定の適用を受けることとなつた場合におけるリース譲渡に係る資産の譲渡等の時期の特例その他第一項又は第二項の規定の適用に関し必要な事項は、政令で定める。

5　個人事業者が、所得税法第百三十二条第一項（延払条件付譲渡に係る所得税額の延納）に規定する山林所得又は譲渡所得の基因となる資産の延払条件付譲渡をした場合その他の場合の資産の譲渡等の時期の特例については、前各項の規定に準じて、政令で定める。

【消費税法基本通達】

（課税仕入れを行った日の意義）

11-3-1　　法第30条第1項第1号《仕入れに係る消費税額の控除》に規定する「課税仕入れを行った日」及び同項第2号に規定する「特定課税仕入れを行った日」とは、課税仕入れに該当することとされる資産の譲受け若しくは借受けをした日又は役務の提供を受けた日をいうのであるが、これらの日がいつであるかについては、別に定めるものを除き、第9章《資産の譲渡等の時期》の取扱いに準ずる。（平13課消1-5、平27課消1-17により改正）

（割賦購入の方法等による課税仕入れを行った日）

11-3-2　　　割賦購入の方法又はリース取引による課税資産の譲り受けが課税仕入れ
　　　　　　に該当する場合には、その課税仕入れを行った日は、当該資産の引渡し
　　　　　　等を受けた日となるのであるから、当該課税仕入れについては、当該資
　　　　　　産の引渡し等を受けた日の属する課税期間において法第30条第1項《仕
　　　　　　入れに係る消費税額の控除》の規定を適用するのであるから留意する。
　　　　　　（平20課消1-8により改正）

（注）　リース取引において、賃借人が支払うべきリース料の額をその支払うべき日の
　　　　属する課税期間の賃借料等として経理している場合であっても同様である。

（減価償却資産に係る仕入税額控除）

11-3-3　　　課税仕入れ等に係る資産が減価償却資産に該当する場合であっても、当
　　　　　　該課税仕入れ等については、当該資産の課税仕入れ等を行った日の属す
　　　　　　る課税期間において法第30条《仕入れに係る消費税額の控除》の規定が
　　　　　　適用されるのであるから留意する。

（建設仮勘定）

11-3-6　　　事業者が、建設工事等に係る目的物の完成前に行った当該建設工事等の
　　　　　　ための課税仕入れ等の金額について建設仮勘定として経理した場合にお
　　　　　　いても、当該課税仕入れ等については、その課税仕入れ等をした日の属
　　　　　　する課税期間において法第30条《仕入れに係る消費税額の控除》の規定
　　　　　　が適用されるのであるが、当該建設仮勘定として経理した課税仕入れ等
　　　　　　につき、当該目的物の完成した日の属する課税期間における課税仕入れ
　　　　　　等としているときは、これを認める。

[第3節] Q 委託契約

当社は以下の条件で機器の販売を行っていますが、販売時の消費税の取り扱いはどのようになりますか。
1. 当社と顧客A社との間で機器の売買契約を締結、A社の海外支店に機器を納入する必要がある。
2. 当該機器の仕入れ、納入について取引先B社に委託契約を締結。
3. B社の海外支店にて機器の仕入れが行われ、そのままA社海外支店に納入を実施。
4. A社より当社に販売金額の入金が行われ、当社はB社に委託金額の支払いを実施。

 国内取引の要件を満たしていないことから、不課税取引に該当すると考えられます。

解説

- 消費税法においては、消費税が課される取引に関して、
  ①国内において行うものであること
  ②事業者が事業として行うものであること
  ③対価を得て行うものであること
  ④資産の譲渡、資産の貸付け及び役務の提供であること
  の要件を定め、これら全ての要件を満たす取引を課税の対象としております（消費税法2条8号、4条1～3項、消費税法施行令6条）。
- 本件の場合、当社がA社へ納入する機器の仕入れはB社の海外支店に委託して行われており、仕入れた機器も本邦内に搬送されることなく、そのままA社の海外支店にて譲渡が行われております。
- したがって、当該取引は全て国外で行われており、消費税が課される上記の4要件を満たしておらず、不課税取引に該当すると考えられます。

| 参考

【消費税法】

（定義）

第二条　　　この法律において、次の各号に掲げる用語の意義は、当該各号に定める
　　　　　　ところによる。

一～七　（略）

八　資産の譲渡等　事業として対価を得て行われる資産の譲渡及び貸付け並びに役務
　　の提供（代物弁済による資産の譲渡その他対価を得て行われる資産の譲渡若しく
　　は貸付け又は役務の提供に類する行為として政令で定めるものを含む。）をいう。

（課税の対象）

第四条　　　国内において事業者が行つた資産の譲渡等（特定資産の譲渡等に該当す
　　　　　　るものを除く。第三項において同じ。）及び特定仕入れ（事業として他の
　　　　　　者から受けた特定資産の譲渡等をいう。以下この章において同じ。）には、
　　　　　　この法律により、消費税を課する。

2　保税地域から引き取られる外国貨物には、この法律により、消費税を課する。

3　資産の譲渡等が国内において行われたかどうかの判定は、次の各号に掲げる場合
　　の区分に応じ当該各号に定める場所が国内にあるかどうかにより行うものとす
　　る。ただし、第三号に掲げる場合において、同号に定める場所がないときは、当
　　該資産の譲渡等は国内以外の地域で行われたものとする。

　　一　資産の譲渡又は貸付けである場合　当該譲渡又は貸付けが行われる時におい
　　　　て当該資産が所在していた場所（当該資産が船舶、航空機、鉱業権、特許権、
　　　　著作権、国債証券、株券その他の資産でその所在していた場所が明らかでな
　　　　いものとして政令で定めるものである場合には、政令で定める場所）

　　二　役務の提供である場合（次号に掲げる場合を除く。）　当該役務の提供が行わ
　　　　れた場所（当該役務の提供が国際運輸、国際通信その他の役務の提供で当該
　　　　役務の提供が行われた場所が明らかでないものとして政令で定めるものであ
　　　　る場合には、政令で定める場所）

　　三　電気通信利用役務の提供である場合　当該電気通信利用役務の提供を受ける
　　　　者の住所若しくは居所（現在まで引き続いて一年以上居住する場所をいう。）

第2章　消費税

又は本店若しくは主たる事務所の所在地

【消費税法施行令】

（資産の譲渡等が国内において行われたかどうかの判定）

第六条　　　法第四条第三項第一号に規定する政令で定める資産は、次の各号に掲げる資産とし、同項第一号に規定する政令で定める場所は、当該資産の区分に応じ当該資産の譲渡又は貸付けが行われる時における当該各号に定める場所とする。

　一　船舶（登録（外国の登録を含む。以下この号において同じ。）を受けたものに限る。）　船舶の登録をした機関の所在地（同一の船舶について二以上の国において登録をしている場合には、いずれかの機関の所在地）（居住者が行う日本船舶（国内において登録を受けた船舶をいう。以下この号において同じ。）以外の船舶の貸付け及び非居住者が行う日本船舶の譲渡又は貸付けにあつては、当該譲渡又は貸付けを行う者の住所又は本店若しくは主たる事務所の所在地（以下この項において「住所地」という。））

　二　前号に掲げる船舶以外の船舶　その譲渡又は貸付けを行う者の当該譲渡又は貸付けに係る事務所、事業所その他これらに準ずるもの（以下この条において「事務所等」という。）の所在地

　三　航空機　航空機の登録をした機関の所在地（登録を受けていない航空機にあつては、当該譲渡又は貸付けを行う者の譲渡又は貸付けに係る事務所等の所在地）

　四　鉱業権若しくは租鉱権又は採石権その他土石を採掘し、若しくは採取する権利（以下この号において「採石権等」という。）　鉱業権に係る鉱区若しくは租鉱権に係る租鉱区又は採石権等に係る採石場の所在地

　五　特許権、実用新案権、意匠権、商標権、回路配置利用権又は育成者権（これらの権利を利用する権利を含む。）　これらの権利の登録をした機関の所在地（同一の権利について二以上の国において登録をしている場合には、これらの権利の譲渡又は貸付けを行う者の住所地）

　六　公共施設等運営権　公共施設等運営権に係る民間資金等の活用による公共施設等の整備等の促進に関する法律（平成十一年法律第百十七号）第二条第一項（定義）に規定する公共施設等の所在地

七 著作権（出版権及び著作隣接権その他これに準ずる権利を含む。）又は特別の技術による生産方式及びこれに準ずるもの（以下この号において「著作権等」という。）　著作権等の譲渡又は貸付けを行う者の住所地

八 営業権又は漁業権若しくは入漁権　これらの権利に係る事業を行う者の住所地

九 次のイからへまでに掲げる資産　それぞれイからへまでに定める場所

　　イ 法別表第一第二号に規定する有価証券（ハに掲げる有価証券等及びへに掲げるゴルフ場利用株式等を除く。）　当該有価証券が所在していた場所

　　ロ 登録国債　登録国債の登録をした機関の所在地

　　ハ 社債、株式等の振替に関する法律第二条第二項（定義）に規定する振替機関（同法第四十八条（日本銀行が国債の振替に関する業務を営む場合の特例）の規定により振替機関とみなされる者を含む。ハにおいて「国内振替機関」という。）及びこれに類する外国の機関（ハにおいて「振替機関等」という。）が取り扱う法別表第二第二号に規定する有価証券（へに掲げるゴルフ場利用株式等を除く。）又は第九条第一項第一号に掲げる権利（登録国債を除く。）若しくは同項第二号に掲げる持分（ハにおいて「有価証券等」という。）　当該振替機関等の所在地（複数の振替機関等により取り扱われる有価証券等（ハにおいて「重複上場有価証券等」という。）のうち当該重複上場有価証券等の売買の決済に際して振替に係る業務が国内振替機関又は国内振替機関に係る同法第二条第四項に規定する口座管理機関において行われるものにあつては当該国内振替機関の所在地とし、当該重複上場有価証券等以外の重複上場有価証券等にあつては当該外国の機関の所在地とする。）

　　ニ 第九条第一項第一号若しくは第三号に掲げる権利（登録国債を除く。）又は同項第二号に掲げる持分（ハに掲げる有価証券等を除く。）　これらの権利又は持分に係る法人の本店、主たる事務所その他これらに準ずるものの所在地

　　ホ 第九条第一項第四号に掲げる金銭債権（へに掲げる金銭債権を除く。）　当該金銭債権に係る債権者の譲渡に係る事務所等の所在地

　　へ 第九条第二項に規定するゴルフ場利用株式等又は金銭債権　同項に規定

するゴルフ場その他の施設の所在地

十　前各号に掲げる資産以外の資産でその所在していた場所が明らかでないもの　その資産の譲渡又は貸付けを行う者の当該譲渡又は貸付けに係る事務所等の所在地

2　法第四条第三項第二号に規定する政令で定める役務の提供は、次の各号に掲げる役務の提供とし、同項第二号に規定する政令で定める場所は、当該役務の提供の区分に応じ当該役務の提供が行われる際における当該各号に定める場所とする。

一　国内及び国内以外の地域にわたつて行われる旅客又は貨物の輸送　当該旅客又は貨物の出発地若しくは発送地又は到着地

二　国内及び国内以外の地域にわたつて行われる通信　発信地又は受信地

三　国内及び国内以外の地域にわたつて行われる郵便又は信書便（民間事業者による信書の送達に関する法律（平成十四年法律第九十九号）第二条第二項（定義）に規定する信書便をいう。第十七条第二項第五号において同じ。）　差出地又は配達地

四　保険　保険に係る事業を営む者（保険の契約の締結の代理をする者を除く。）の保険の契約の締結に係る事務所等の所在地

五　専門的な科学技術に関する知識を必要とする調査、企画、立案、助言、監督又は検査に係る役務の提供で次に掲げるもの（以下この号において「生産設備等」という。）の建設又は製造に関するもの　当該生産設備等の建設又は製造に必要な資材の大部分が調達される場所

イ　建物（その附属設備を含む。）又は構築物（ロに掲げるものを除く。）

ロ　鉱工業生産施設、発電及び送電施設、鉄道、道路、港湾設備その他の運輸施設又は漁業生産施設

ハ　イ又はロに掲げるものに準ずるものとして財務省令で定めるもの

六　前各号に掲げる役務の提供以外のもので国内及び国内以外の地域にわたつて行われる役務の提供その他の役務の提供が行われた場所が明らかでないもの　役務の提供を行う者の役務の提供に係る事務所等の所在地

3　第十条第一項に規定する金銭の貸付け又は同条第三項第一号から第八号までに掲げる行為が国内において行われたかどうかの判定は、当該貸付け又は行為を行う者の当該貸付け又は行為に係る事務所等の所在地が国内にあるかどうかにより行

うものとする。

[第4節] Q 簡易課税への変更

免税事業者である12月決算の法人が決算期を6月に変更し、変更後の事業年度開始の前日までに消費税課税事業者選択届出書を提出しております。変更後1年内の事業年度中に1億円の建物を購入して原則課税で申告し、その後の課税期間は、簡易課税による申告を実施することは可能でしょうか。

原則として、3年間は原則課税により申告を行う必要があります。

解説

- 基準期間における課税売上高が1,000万円以下の免税事業者であっても、納税地の所轄税務署長に対して「消費税課税事業者選択届出書」を、適用を受けようとする課税期間の初日の前日までに提出することにより、消費税の課税事業者となることができます（消費税法9条4項、消費税法施行規則11条1項）。
- 一方、簡易課税制度は、基準期間における課税売上高が5,000万円以下であるときに、「消費税簡易課税制度選択届出書」を納税地の所轄税務署長に、適用を受けようとする課税期間の初日の前日まで提出することにより、受けることができる制度です（消費税法37条1項、消費税法施行規則17条1項）。
- ただし、以下のような資産の取得を行った場合、簡易課税制度の適用に制限がかかるため原則課税により申告を行う必要があります。
  ①調整対象固定資産の購入
  「調整対象固定資産」とは、棚卸資産以外の資産で、建物、構築物、機械及び装置、船舶、航空機、車両及び運搬具、工具、器具及び備品、鉱業権その他の資産で消費税等を除いた税抜価格が100万円以上のものをいいます（消費税法2条1項16号、消費税法施行令5条）。
  課税事業者を選択した事業者が、課税事業者となった課税期間の初日から2年を

経過する日までの間に開始した課税期間中に、調整対象固定資産の課税仕入れを行い、かつ、その課税仕入れを行った課税期間につき原則課税で申告する場合には、当該課税仕入れを行った日の属する課税期間の初日から3年を経過する日の属する課税期間の初日以後でなければ「消費税簡易課税制度選択届出書」を提出することはできません（消費税法37条3項1号）。

②高額特定資産の購入

「高額特定資産」とは、一の取引の単位につき、課税仕入れに係る支払対価の額（税抜き）が1,000万円以上の棚卸資産又は調整対象固定資産をいいます（消費税法12条の4、消費税法施行令25条の5）。

事業者が事業者免税点制度及び簡易課税制度の適用を受けない課税期間中に高額特定資産の仕入れ等を行った場合には、当該高額特定資産の仕入れ等の属する課税期間の初日から3年を経過する日の属する課税期間の初日の前日までの期間は、「消費税簡易課税制度選択届出書」を提出することはできません（消費税法37条3項3号）。

●本件の場合、「消費税課税事業者選択届出書」の提出を行った後、2年内に1億円の建物を取得しており、調整対象固定資産及び高額特定資産の購入に該当することとなります。

●したがって、当該建物の取得を行った課税期間の初日から3年を経過する日の属する課税期間の初日以後でなければ「消費税簡易課税制度選択届出書」を提出することはできません。

参考

【消費税法】

（定義）

第二条　　この法律において、次の各号に掲げる用語の意義は、当該各号に定めるところによる。

一～十五　（略）

十六　調整対象固定資産　建物、構築物、機械及び装置、船舶、航空機、車両及び運搬具、工具、器具及び備品、鉱業権その他の資産でその価額が少額でないものとして政令で定めるものをいう。

（小規模事業者に係る納税義務の免除）

第九条　　　　事業者のうち、その課税期間に係る基準期間における課税売上高が千万円以下である者については、第五条第一項の規定にかかわらず、その課税期間中に国内において行つた課税資産の譲渡等及び特定課税仕入れにつき、消費税を納める義務を免除する。ただし、この法律に別段の定めがある場合は、この限りでない。

2〜3　（略）

4　第一項本文の規定により消費税を納める義務が免除されることとなる事業者が、その基準期間における課税売上高（同項に規定する基準期間における課税売上高をいう。第十一条第四項及び第十二条第三項を除き、以下この章において同じ。）が千万円以下である課税期間につき、第一項本文の規定の適用を受けない旨を記載した届出書をその納税地を所轄する税務署長に提出した場合には、当該提出をした事業者が当該提出をした日の属する課税期間の翌課税期間（当該提出をした日の属する課税期間が事業を開始した日の属する課税期間その他の政令で定める課税期間である場合には、当該課税期間）以後の課税期間（その基準期間における課税売上高が千万円を超える課税期間を除く。）中に国内において行う課税資産の譲渡等及び特定課税仕入れについては、同項本文の規定は、適用しない。

（高額特定資産を取得した場合の納税義務の免除の特例）

第十二条の四　事業者（第九条第一項本文の規定により消費税を納める義務が免除される事業者を除く。）が、第三十七条第一項の規定の適用を受けない課税期間中に国内における高額特定資産（棚卸資産及び調整対象固定資産のうち、その価額が高額なものとして政令で定めるものをいう。以下この条において同じ。）の課税仕入れ又は高額特定資産に該当する課税貨物の保税地域からの引取り（以下この項において「高額特定資産の仕入れ等」という。）を行つた場合（他の者との契約に基づき、又は当該事業者の棚卸資産若しくは調整対象固定資産として自ら建設、製作又は製造（以下この項において「建設等」という。）をした高額特定資産（以下この項において「自己建設高額特定資産」という。）にあつては、当該自己建設高額特定資産の建設等に要した政令で定める費

用の額が政令で定める金額以上となつた場合（第二号において「自己建設高額特定資産の仕入れを行つた場合」という。））には、当該高額特定資産の仕入れ等の日（次の各号に掲げる高額特定資産の区分に応じ当該各号に定める日をいう。）の属する課税期間の翌課税期間から当該高額特定資産の仕入れ等の日の属する課税期間（自己建設高額特定資産にあつては、当該自己建設高額特定資産の建設等が完了した日の属する課税期間）の初日以後三年を経過する日の属する課税期間までの各課税期間（その基準期間における課税売上高が千万円を超える課税期間及び第九条第四項の規定による届出書の提出により、又は第九条の二第一項、第十条第二項、第十一条第二項若しくは第四項、第十二条第二項から第四項まで若しくは第六項、第十二条の二第一項若しくは第二項若しくは前条第一項若しくは第三項の規定により消費税を納める義務が免除されないこととなる課税期間を除く。）における課税資産の譲渡等及び特定課税仕入れについては、第九条第一項本文の規定は、適用しない。

一　高額特定資産（自己建設高額特定資産を除く。）　当該高額特定資産の仕入れ等に係る第三十条第一項各号に掲げる場合の区分に応じ当該各号に定める日

二　自己建設高額特定資産　当該自己建設高額特定資産の仕入れを行つた場合に該当することとなつた日

2　前項に規定する高額特定資産の仕入れ等が特例申告書の提出に係る課税貨物の保税地域からの引取りである場合における同項の規定の適用その他同項の規定の適用に関し必要な事項は、政令で定める。

（中小事業者の仕入れに係る消費税額の控除の特例）

第三十七条　事業者（第九条第一項本文の規定により消費税を納める義務が免除される事業者を除く。）が、その納税地を所轄する税務署長にその基準期間における課税売上高（同項に規定する基準期間における課税売上高をいう。以下この項及び次条第一項において同じ。）が五千万円以下である課税期間（第十二条第一項に規定する分割等に係る同項の新設分割親法人又は新設分割子法人の政令で定める課税期間（以下この

項及び次条第一項において「分割等に係る課税期間」という。）を除く。）についてこの項の規定の適用を受ける旨を記載した届出書を提出した場合には、当該届出書を提出した日の属する課税期間の翌課税期間（当該届出書を提出した日の属する課税期間が事業を開始した日の属する課税期間その他の政令で定める課税期間である場合には、当該課税期間）以後の課税期間（その基準期間における課税売上高が五千万円を超える課税期間及び分割等に係る課税期間を除く。）については、第三十条から前条までの規定により課税標準額に対する消費税額から控除することができる課税仕入れ等の税額の合計額は、これらの規定にかかわらず、次に掲げる金額の合計額とする。この場合において、当該金額の合計額は、当該課税期間における仕入れに係る消費税額とみなす。

2 （略）

3 第一項の規定の適用を受けようとする事業者は、次の各号に掲げる場合に該当するときは、当該各号に定める期間は、同項の規定による届出書を提出することができない。ただし、当該事業者が事業を開始した日の属する課税期間その他の政令で定める課税期間から同項の規定の適用を受けようとする場合に当該届出書を提出するときは、この限りでない。

一　当該事業者が第九条第七項の規定の適用を受ける者である場合　同項に規定する調整対象固定資産の仕入れ等の日の属する課税期間の初日から同日以後三年を経過する日の属する課税期間の初日の前日までの期間

二　当該事業者が第十二条の二第二項の新設法人である場合又は第十二条の三第三項の特定新規設立法人である場合において第十二条の二第二項（第十二条の三第三項において準用する場合を含む。以下この号において同じ。）に規定する場合に該当するとき　第十二条の二第二項に規定する調整対象固定資産の仕入れ等の日の属する課税期間の初日から同日以後三年を経過する日の属する課税期間の初日の前日までの期間

三　当該事業者が第十二条の四第一項に規定する場合に該当するとき（前二号に掲げる場合に該当する場合を除く。）　同項に規定する高額特定資産に係る同項に規定する高額特定資産の仕入れ等の日の属する課税期間の初日から同日

（当該高額特定資産が同項に規定する自己建設高額特定資産である場合にあつては、当該自己建設高額特定資産の同項に規定する建設等が完了した日の属する課税期間の初日）以後三年を経過する日の属する課税期間の初日の前日までの期間

【消費税法施行令】

（調整対象固定資産の範囲）

第五条　　　法第二条第一項第十六号に規定する政令で定める資産は、棚卸資産以外の資産で次に掲げるもののうち、当該資産に係る法第三十条第一項に規定する課税仕入れに係る支払対価の額の百十分の百に相当する金額、当該資産に係る同項に規定する特定課税仕入れに係る支払対価の額又は保税地域から引き取られる当該資産の課税標準である金額が、一の取引の単位（通常一組又は一式をもつて取引の単位とされるものにあつては、一組又は一式とする。）につき百万円以上のものとする。

一　建物及びその附属設備（暖冷房設備、照明設備、通風設備、昇降機その他建物に附属する設備をいう。）

二　構築物（ドック、橋、岸壁、桟橋、軌道、貯水池、坑道、煙突その他土地に定着する土木設備又は工作物をいう。）

三　機械及び装置

四　船舶

五　航空機

六　車両及び運搬具

七　工具、器具及び備品（観賞用、興行用その他これらに準ずる用に供する生物を含む。）

八　次に掲げる無形固定資産

　　イ　鉱業権（租鉱権及び採石権その他土石を採掘し、又は採取する権利を含む。）

　　ロ　漁業権（入漁権を含む。）

　　ハ　ダム使用権

　　ニ　水利権

ホ　特許権

ヘ　実用新案権

ト　意匠権

チ　商標権

リ　育成者権

ヌ　公共施設等運営権

ル　営業権

ヲ　専用側線利用権（鉄道事業法（昭和六十一年法律第九十二号）第二条第一項（定義）に規定する鉄道事業又は軌道法（大正十年法律第七十六号）第一条第一項（軌道法の適用対象）に規定する軌道を敷設して行う運輸事業を営む者（以下この号において「鉄道事業者等」という。）に対して鉄道又は軌道の敷設に要する費用を負担し、その鉄道又は軌道を専用する権利をいう。）

ワ　鉄道軌道連絡通行施設利用権（鉄道事業者等が、他の鉄道事業者等、独立行政法人鉄道建設・運輸施設整備支援機構、独立行政法人日本高速道路保有・債務返済機構又は国若しくは地方公共団体に対して当該他の鉄道事業者等、独立行政法人鉄道建設・運輸施設整備支援機構若しくは独立行政法人日本高速道路保有・債務返済機構の鉄道若しくは軌道との連絡に必要な橋、地下道その他の施設又は鉄道若しくは軌道の敷設に必要な施設を設けるために要する費用を負担し、これらの施設を利用する権利をいう。）

カ　電気ガス供給施設利用権（電気事業法（昭和三十九年法律第百七十号）第二条第一項第八号（定義）に規定する一般送配電事業、同項第十号に規定する送電事業若しくは同項第十四号に規定する発電事業又はガス事業法（昭和二十九年法律第五十一号）第二条第五項（定義）に規定する一般ガス導管事業を営む者に対して電気又はガスの供給施設（同条第七項に規定する特定ガス導管事業の用に供するものを除く。）を設けるために要する費用を負担し、その施設を利用して電気又はガスの供給を受ける権利をいう。）

ヨ　水道施設利用権（水道法（昭和三十二年法律第百七十七号）第三条第五項

（用語の定義）に規定する水道事業者に対して水道施設を設けるために要する費用を負担し、その施設を利用して水の供給を受ける権利をいう。）

タ　工業用水道施設利用権（工業用水道事業法（昭和三十三年法律第八十四号）第二条第五項（定義）に規定する工業用水道事業者に対して工業用水道施設を設けるために要する費用を負担し、その施設を利用して工業用水の供給を受ける権利をいう。）

レ　電気通信施設利用権（電気通信事業法（昭和五十九年法律第八十六号）第九条第一号（電気通信事業の登録）に規定する電気通信回線設備を設置する同法第二条第五号（定義）に規定する電気通信事業者に対して同条第四号に規定する電気通信事業の用に供する同条第二号に規定する電気通信設備の設置に要する費用を負担し、その設備を利用して同条第三号に規定する電気通信役務の提供を受ける権利をいう。）

九　第九条第二項に規定するゴルフ場利用株式等

十　次に掲げる生物（第七号に掲げるものに該当するものを除く。）

イ　牛、馬、豚、綿羊及びやぎ

ロ　かんきつ樹、りんご樹、ぶどう樹、梨樹、桃樹、桜桃樹、びわ樹、くり樹、梅樹、柿樹、あんず樹、すもも樹、いちじく樹、キウイフルーツ樹、ブルーベリー樹及びパイナップル

ハ　茶樹、オリーブ樹、つばき樹、桑樹、こりやなぎ、みつまた、こうぞ、もう宗竹、アスパラガス、ラミー、まおらん及びホップ

十一　前各号に掲げる資産に準ずるもの

（高額特定資産の範囲等）

第二十五条の五　法第十二条の四第一項に規定する政令で定めるものは、次の各号に掲げる棚卸資産及び調整対象固定資産（以下この項において「対象資産」という。）の区分に応じ当該各号に定める金額が千万円以上のものとする。

一　対象資産（次号に掲げる自己建設資産に該当するものを除く。）　当該対象資産の一の取引の単位（通常一組又は一式をもつて取引の単位とされるものに

あつては、一組又は一式）に係る法第三十条第一項に規定する課税仕入れに係る支払対価の額の百十分の百に相当する金額、同項に規定する特定課税仕入れに係る支払対価の額又は保税地域から引き取られる当該対象資産の課税標準である金額

二　自己建設資産（対象資産のうち、他の者との契約に基づき、又は事業者の棚卸資産若しくは調整対象固定資産として自ら建設等（法第十二条の四第一項に規定する建設等をいう。以下この条において同じ。）をしたものをいう。）

　　当該自己建設資産の建設等に要した法第三十条第一項に規定する課税仕入れに係る支払対価の額の百十分の百に相当する金額、同項に規定する特定課税仕入れに係る支払対価の額及び保税地域から引き取られる課税貨物の課税標準である金額（当該自己建設資産の建設等のために要した原材料費及び経費に係るものに限り、当該建設等を行つた事業者が法第九条第一項本文の規定により消費税を納める義務が免除されることとなる課税期間又は法第三十七条第一項の規定の適用を受ける課税期間中に国内において行つた課税仕入れ及び保税地域から引き取つた課税貨物に係るものを除く。次項において「仕入れ等に係る支払対価の額」という。）の合計額

2　法第十二条の四第一項に規定する政令で定める費用の額は、同項に規定する自己建設高額特定資産の建設等に要した仕入れ等に係る支払対価の額の累計額とし、同項に規定する政令で定める金額は、千万円とする。

【消費税法施行規則】

（小規模事業者に係る納税義務の免除の規定の適用を受けない旨の届出書の記載事項等）

第十一条　　法第九条第四項に規定する届出書には、次に掲げる事項を記載しなければならない。

一　届出者の氏名又は名称（代表者の氏名を含む。以下この章において同じ。）、納税地（納税地と住所等とが異なる場合には、納税地及び住所等。以下この号において同じ。）及び個人番号又は法人番号（個人番号又は法人番号を有しない者にあつては、氏名又は名称及び納税地）

二　届出者の行う事業の内容

三　法第九条第四項に規定する翌課税期間の初日の年月日

四　前号に規定する翌課税期間の基準期間における課税売上高（法第九条第一項
　　に規定する基準期間における課税売上高をいう。以下この条において同じ。）

五　その他参考となるべき事項

（中小事業者の仕入れに係る消費税額の控除の特例を受ける旨の届出書の記載事項等）
第十七条　　法第三十七条第一項に規定する届出書には、次に掲げる事項を記載しな
　　　　　ければならない。

一　届出者の氏名又は名称及び納税地（法人番号を有する者にあつては、名称、
　　納税地及び法人番号）

二　届出者の行う事業の内容及び令第五十七条第五項第一号から第六号までに掲
　　げる事業の種類

三　法第三十七条第一項に規定する翌課税期間の初日の年月日

四　前号に規定する翌課税期間の基準期間における課税売上高（法第九条第一項
　　に規定する基準期間における課税売上高をいう。以下この条及び次条におい
　　て同じ。）

五　その他参考となるべき事項

[第5節] Q 特定新規設立法人の取り扱い

　当社（A社）は以下の条件で新規に法人（B社）の設立を行っていますが、この場合のB社の消費税法上の納税義務の取り扱いはどのようになりますか。特定新規設立法人に該当し、課税事業者となりますか。

1. A社の課税売上高は毎期5億円を超えている。オーナーの課税売上高は毎期3,000万円。
2. B社の資本金の額は1,000万円未満。
3. B社の株式は当社のオーナーが80％保有。
4. B社を持株会社とし、A社はB社の100％子会社とする。
5. 合併、分割による特例の適用は受けない。

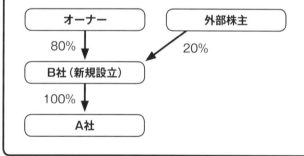

特定新規設立法人には該当せず、消費税法上の納税義務は免除されます。

解説■■

●新設法人については、事業年度開始の日における資本金の額又は出資の金額が1,000万円以上である場合を除き、基準期間が存在しないことから、原則として設立当初2年間は免税事業者となります（消費税法12条の2、消費税法基本通達1-4-6）。

●ただし、次の①及び②いずれにも該当するものについては、基準期間のない事業年度に含まれる各課税期間における課税資産の譲渡等について、納税義務は免除しないこととされております（消費税法12条の3）。

　①その基準期間がない事業年度開始の日において、他の者により当該新規設立法人の株式等の50％超を直接又は間接に保有される場合など、他の者により当該新規設立法人が支配される一定の場合（特定要件）に該当すること。

　②上記①の特定要件に該当するかどうかの判定の基礎となった他の者及び当該他の者と一定の特殊な関係にある法人（以下、特殊関係法人）のうちいずれかの者（判定対象者）の当該新規設立法人の当該事業年度の基準期間に相当する期間（基準期間相当期間）における課税売上高が5億円を超えていること。

●なお、特殊関係法人の定義は、特定要件の判定の基礎となった他の者に完全支配された法人のうち、一定の法人をいいます（消費税法施行令25条の3）。

●本件の場合、B社を支配している他の者はB社の株式を80％保有しているオーナーが該当し、特定要件の判定①を満たします。

●したがって、特定要件の判定②はオーナーのみの課税売上高で判定することになりますが、オーナーの課税売上高が毎期3,000万円であり、5億円を下回っているため、特定要件の判定②を満たしません。

●以上より、本件の新規設立法人であるB社は特定新規設立法人には該当せず、消費税法上の納税義務は免除されます。

第2章　消費税　〈 85 〉

参考

【消費税法】

（新設法人の納税義務の免除の特例）

第十二条の二　　　その事業年度の基準期間がない法人（社会福祉法（昭和二十六年法律第四十五号）第二十二条（定義）に規定する社会福祉法人その他の専ら別表第一に掲げる資産の譲渡等を行うことを目的として設立された法人で政令で定めるものを除く。）のうち、当該事業年度開始の日における資本金の額又は出資の金額が千万円以上である法人（以下この項及び次項において「新設法人」という。）については、当該新設法人の基準期間がない事業年度に含まれる各課税期間（第九条第四項の規定による届出書の提出により、又は第九条の二第一項、第十一条第三項若しくは第四項若しくは前条第一項若しくは第二項の規定により消費税を納める義務が免除されないこととなる課税期間を除く。）における課税資産の譲渡等及び特定課税仕入れについては、第九条第一項本文の規定は、適用しない。

（特定新規設立法人の納税義務の免除の特例）

第十二条の三　　　その事業年度の基準期間がない法人（前条第一項に規定する新設法人及び社会福祉法第二十二条（定義）に規定する社会福祉法人その他の専ら別表第一に掲げる資産の譲渡等を行うことを目的として設立された法人で政令で定めるものを除く。以下この条において「新規設立法人」という。）のうち、その基準期間がない事業年度開始の日（以下この項及び次項において「新設開始日」という。）において特定要件（他の者により新規設立法人の発行済株式又は出資（その新規設立法人が有する自己の株式又は出資を除く。）の総数又は総額の百分の五十を超える数又は金額の株式又は出資が直接又は間接に保有される場合その他の他の者により新規設立法人が支配される場合として政令で定める場合であることをいう。以下この条において同じ。）に該当し、かつ、新規設立法人が特定要件に該当する旨の判定の基礎となつた他の者及び当該他の者と政令で定める特殊な関

係にある法人のうちいずれかの者の当該新規設立法人の当該新設開始日の属する事業年度の基準期間に相当する期間における課税売上高として政令で定めるところにより計算した金額（国又は地方公共団体が一般会計に係る業務として行う事業における課税資産の譲渡等の対価の額を除く。）が五億円を超えるもの（以下この項及び第三項において「特定新規設立法人」という。）については、当該特定新規設立法人の基準期間がない事業年度に含まれる各課税期間（第九条第四項の規定による届出書の提出により、又は第九条の二第一項、第十一条第三項若しくは第四項、第十二条第一項若しくは第二項若しくは前条第二項の規定により消費税を納める義務が免除されないこととなる課税期間を除く。）における課税資産の譲渡等及び特定課税仕入れについては、第九条第一項本文の規定は、適用しない。

【消費税法施行令】
（特殊関係法人の範囲）
第二十五条の三　法第十二条の三第一項に規定する新規設立法人が特定要件に該当する旨の判定の基礎となつた他の者と政令で定める特殊な関係にある法人は、次に掲げる法人のうち、非支配特殊関係法人以外の法人とする。

　　一　当該他の者（新規設立法人の前条第一項第一号に規定する発行済株式等若しくは同項第三号イからニまでに掲げる議決権（当該他の者が行使することができない議決権を除く。）を有する者又は同項第四号に規定する新規設立法人の株主等である者に限り、当該他の者が個人である場合には、同項第二号イに掲げる当該他の者の親族等を含む。以下この項において同じ。）が他の法人を完全に支配している場合における当該他の法人

　　二　当該他の者及びこれと前号に規定する関係のある法人が他の法人を完全に支配している場合における当該他の法人

　　三　当該他の者及びこれと前二号に規定する関係のある法人が他の法人を完全に支配している場合における当該他の法人

　２　前項に規定する非支配特殊関係法人とは、次に掲げる法人をいう。

一 当該他の者（新規設立法人の前条第一項第一号に規定する発行済株式等若しくは同項第三号イからニまでに掲げる議決権（当該他の者が行使することができない議決権を除く。）を有する者又は同項第四号に規定する新規設立法人の株主等である者に限る。）と生計を一にしない同項第二号イに掲げる当該他の者の親族等（以下この項において「別生計親族等」という。）が他の法人を完全に支配している場合における当該他の法人

二 別生計親族等及びこれと前号に規定する関係のある法人が他の法人を完全に支配している場合における当該他の法人

三 別生計親族等及びこれと前二号に規定する関係のある法人が他の法人を完全に支配している場合における当該他の法人

3 第一項各号及び前項各号に規定する他の法人を完全に支配している場合とは、前条第三項各号に掲げる場合のいずれかに該当する場合をいう。

【消費税法基本通達】

1-4-6　　　法第9条第1項本文《小規模事業者に係る納税義務の免除》の規定の適用があるかどうかは、事業者の基準期間における課税売上高が1,000万円以下であるかどうかによって判定するのであるから、例えば、新たに開業した個人事業者又は新たに設立された法人のように、当該課税期間について基準期間における課税売上高がない場合又は基準期間がない場合には、納税義務が免除される。

ただし、新たに開業した個人事業者又は新たに設立された法人が次のいずれかの規定の適用を受ける場合には、当該課税期間における納税義務は免除されないことに留意する。（平9課消2-5、平13課消1-5、平15課消1-37、平22課消1-9、平23課消1-35、平25課消1-34、平28課消1-57により改正）

(1) 個人事業者

イ 法第9条第4項《課税事業者の選択》の規定の適用を受ける者

ロ 法第9条の2第1項《前年又は前事業年度等における課税売上高による納税義務の免除の特例》の規定の適用を受ける者

ハ 法第10条《相続があった場合の納税義務の免除の特例》の規定の適用を受け

る者

ニ　法第12条の4第1項《高額特定資産を取得した場合の納税義務の免除の特例》
　　の規定の適用を受ける者

(2)　法人

イ　法第9条第4項の規定の適用を受ける法人

ロ　法第9条の2第1項の規定の適用を受ける法人

ハ　法第11条第3項又は第4項《合併があった場合の納税義務の免除の特例》の規
　　定の適用を受ける法人

ニ　法第12条第1項又は第2項《分割等があった場合の納税義務の免除の特例》の
　　規定の適用を受ける法人

ホ　法第12条の2第1項《新設法人の納税義務の免除の特例》の規定の適用を受け
　　る法人

ヘ　法第12条の3第1項《特定新規設立法人の納税義務の免除の特例》の規定の適
　　用を受ける法人

ト　法第12条の4第1項の規定の適用を受ける法人

(注)　個人事業者のいわゆる法人成りにより新たに設立された法人であっても、当該
　　　個人事業者の基準期間における課税売上高又は特定期間における課税売上高
　　　は、当該法人の基準期間における課税売上高又は特定期間における課税売上高
　　　とはならないのであるから留意する。

第3章

個人所得税

第1節　ストックオプションの譲渡

第2節　過大な退職給与

第3節　米国勤務の役員に支払う役員報酬の源泉徴収

第4節　不動産収入のある非居住者への給与の源泉徴収

第5節　事業開始日

第6節　奨学金・学資金

第7節　通勤手当

第8節　転勤支度金

第9節　収用交換等の特別控除

第10節　軽減税率（租税特別措置法31条の3）の併用

第11節　相続した不動産の売却代金を
　　　　各相続人へ配分する場合の譲渡申告

[第1節] **Q ストックオプションの譲渡**

　当社は、インセンティブ報酬として従業員に対して新株予約権（以下、ストックオプション）を無償で付与しておりましたが、この度、買収されることが決定し、従業員に付与していたストックオプションを買い取ることになりました。

　従業員に付与していたストックオプションには譲渡制限が付されているため、取締役会を開催し、譲渡制限の解除を行いました。この場合の所得税の取り扱いについて教えてください。

　ストックオプションの譲渡制限解除時に、給与所得が生じることになります。譲渡制限解除後のストックオプションの買取については、買取企業が発行法人である当社の場合には給与所得等、その他の会社である場合には譲渡所得に係る収入金額とみなされます。

解説

【譲渡制限解除時の取り扱い】
- 譲渡についての制限その他特別の条件が付されているストックオプションが付与された場合、付与時点には何ら経済的利益が実現していないことから、その付与時点において課税関係は生じませんが、ストックオプションの権利行使をする場合、取得した株式の価額と権利行使価額との差額が経済的利益として実現することから、その権利行使時に当該経済的利益について課税関係が生じることになります（所得税法施行令第84条第2項）。
- 一方、本件の場合、従業員は本件ストックオプションの権利行使をしていませんが、その譲渡を行うに当たり、取締役会の承認を得て譲渡制限を解除する必要があり、その結果、従業員（本人）の意思による第三者への譲渡が可能となります。この譲渡制限の解除により、それまで未実現と捉えられていた経済的利益が顕在化し、収

入すべき金額が実現したものと考えられます。

●そして、本件ストックオプションは、インセンティブ報酬として従業員に対して付与されていたことから、Ａ社と従業員の間の雇用契約又はこれに類する関係に基因して付与されたものと考えられますので、顕在化した経済的利益は、Ａ社の取締役会の承認を受け譲渡制限が解除された日（譲渡承認日）における給与所得に該当します。

【ストックオプション譲渡時の取り扱い】

●譲渡制限の解除後、直ちにストックオプションの譲渡を行っている場合、上記給与所得として課税される経済的利益の額（譲渡承認日におけるストックオプションの価額（時価））に相当する額が本件ストックオプションの譲渡に係る譲渡所得等に係る取得費等となりますので、所得等は生じないこととなります。

●一方で、譲渡制限の解除と譲渡のタイミングに相違があり、所得が発生する場合には、以下のとおり、譲渡先により取り扱いが異なります。

　①譲渡先が発行法人である場合

　　発行法人から与えられた新株予約権等を、その発行法人に譲渡したときは、当該譲渡の対価の額から当該権利の取得価額を控除した金額は、給与所得等に係る収入金額とみなされます（所得税法41条の2、所得税法施行令88条の2、所得税法基本通達41の2-1、所得税法基本通達23～35共-6）。

　②譲渡先が発行法人以外である場合

　　発行法人以外への譲渡については所得税法41条の2の対象に含まれておりません。この点、租税特別措置法37条の10第2項においては、譲渡所得の対象となる「株式等」の譲渡について、「新株予約権及び新株予約権の割当てを受ける権利を含む」ものとされています。したがって、同規定によれば、発行法人以外へのストックオプションの譲渡については譲渡所得に該当すると考えられます。

参考

【租税特別措置法】

(一般株式等に係る譲渡所得等の課税の特例)

第三十七条の十　(略)

2　この条において「株式等」とは、次に掲げるもの(外国法人に係るものを含むものとし、ゴルフ場その他の施設の利用に関する権利に類するものとして政令で定める株式又は出資者の持分を除く。)をいう。

　一　株式(株主又は投資主(投資信託及び投資法人に関する法律第二条第十六項に規定する投資主をいう。)となる権利、株式の割当てを受ける権利、新株予約権(同条第十七項に規定する新投資口予約権を含む。以下この号において同じ。)及び新株予約権の割当てを受ける権利を含む。)

　二～七　(略)

【所得税法】

(発行法人から与えられた株式を取得する権利の譲渡による収入金額)

第四十一条の二　居住者が株式を無償又は有利な価額により取得することができる権利として政令で定める権利を発行法人から与えられた場合において、当該居住者又は当該居住者の相続人その他の政令で定める者が当該権利をその発行法人に譲渡したときは、当該譲渡の対価の額から当該権利の取得価額を控除した金額を、その発行法人が支払をする事業所得に係る収入金額、第二十八条第一項(給与所得)に規定する給与等の収入金額、第三十条第一項(退職所得)に規定する退職手当等の収入金額、一時所得に係る収入金額又は雑所得(第三十五条第三項(雑所得)に規定する公的年金等に係るものを除く。)に係る収入金額とみなして、この法律(第二百二十四条の三(株式等の譲渡の対価の受領者等の告知)、第二百二十五条(支払調書及び支払通知書)及び第二百二十八条(名義人受領の株式等の譲渡の対価の調書)並びにこれらの規定に係る罰則を除く。)の規定を適用する。

〈 94 〉

【所得税法施行令】

（譲渡制限付株式の価額等）

第八十四条　（略）

2　発行法人から次の各号に掲げる権利で当該権利の譲渡についての制限その他特別の条件が付されているものを与えられた場合（株主等として与えられた場合（当該発行法人の他の株主等に損害を及ぼすおそれがないと認められる場合に限る。）を除く。）における当該権利に係る法第三十六条第二項の価額は、当該権利の行使により取得した株式のその行使の日（第五号に掲げる権利にあつては、当該権利に基づく払込み又は給付の期日（払込み又は給付の期間の定めがある場合には、当該払込み又は給付をした日））における価額から次の各号に掲げる権利の区分に応じ当該各号に定める金額を控除した金額による。

一　商法等の一部を改正する等の法律（平成十三年法律第七十九号）第一条（商法の一部改正）の規定による改正前の商法（明治三十二年法律第四十八号）第二百十条ノ二第二項（取締役又は使用人に譲渡するための自己株式の取得）の決議に基づき与えられた同項第三号に規定する権利　当該権利の行使に係る株式の譲渡価額

二　商法等の一部を改正する法律（平成十三年法律第百二十八号。以下この号において「商法等改正法」という。）第一条（商法の一部改正）の規定による改正前の商法第二百八十条ノ十九第二項（取締役又は使用人に対する新株引受権の付与）の決議に基づき与えられた同項に規定する新株の引受権　当該新株の引受権の行使に係る新株の発行価額（商法等改正法附則第六条第二項（取締役又は使用人に対する新株の引受権の付与に関する経過措置）の規定に基づき、当該新株の引受権の行使により当該発行法人の有する自己の株式の移転を受けた場合には、当該株式の譲渡価額）

三　会社法の施行に伴う関係法律の整備等に関する法律第六十四条（商法の一部改正）の規定による改正前の商法第二百八十条ノ二十一第一項（新株予約権の有利発行の決議）の決議に基づき発行された同項に規定する新株予約権　当該新株予約権の行使に係る新株の発行価額（当該新株予約権の行使により当該発行法人の有する自己の株式の移転を受けた場合には、当該株式の譲渡価額）

四　会社法第二百三十八条第二項（募集事項の決定）の決議（同法第二百三十九条
　　第一項（募集事項の決定の委任）の決議による委任に基づく同項に規定する
　　募集事項の決定及び同法第二百四十条第一項（公開会社における募集事項の
　　決定の特則）の規定による取締役会の決議を含む。）に基づき発行された新株
　　予約権（当該新株予約権を引き受ける者に特に有利な条件若しくは金額であ
　　ることとされるもの又は役務の提供その他の行為による対価の全部若しくは
　　一部であることとされるものに限る。）　当該新株予約権の行使に係る当該新
　　株予約権の取得価額にその行使に際し払い込むべき額を加算した金額

五　株式と引換えに払い込むべき額が有利な金額である場合における当該株式を
　　取得する権利（前各号に掲げるものを除く。）　当該権利の行使に係る当該権
　　利の取得価額にその行使に際し払い込むべき額を加算した金額

（発行法人から与えられた株式を取得する権利の譲渡による収入金額）

第八十八条の二　法第四十一条の二（発行法人から与えられた株式を取得する権利の
　　　　　　　　譲渡による収入金額）に規定する政令で定める権利は、第八十四条
　　　　　　　　第二項各号（譲渡制限付株式の価額等）に掲げる権利で当該権利の
　　　　　　　　行使をしたならば同項の規定の適用のあるもの（次項において「新
　　　　　　　　株予約権等」という。）とする。

2　法第四十一条の二に規定する政令で定める者は、贈与、相続、遺贈又は譲渡によ
　　り新株予約権等を取得した者で当該新株予約権等を行使できることとなるものと
　　する。

【所得税法基本通達】

（発行法人から与えられた株式を取得する権利を発行法人に譲渡した場合の所得区分）

41の2-1　　　　　　法第41条の2（（発行法人から与えられた株式を取得する権利の譲
　　　　　　　　　　渡による収入金額））に規定する権利をその発行法人に譲渡した場
　　　　　　　　　　合の当該譲渡に係る所得区分は、23〜35共-6の取扱いに準ずる。
　　　　　　　　　　（平26課個2-9、課審5-14追加）

（株式等を取得する権利を与えられた場合の所得区分）

23～35共-6 　　発行法人から令第84条第2項各号に掲げる権利を与えられた場合（同条の規定の適用を受ける場合に限る。以下23～35共-6の2において同じ。）の当該権利の行使による株式（これに準ずるものを含む。 以下23～35共-9までにおいて同じ。）の取得に係る所得区分は、次に掲げる場合に応じ、それぞれ次による。(昭49直所2-23、平8課法8-2、課所4-5、平10課法8-2、課所4-5、平14課個2-5、課資3-3、課法8-3、課審3-118、平18課個2-18、課資3-10、課審4-114、平28課個2-22、課審5-18改正)

(1) 令第84条第2項第1号又は第2号に掲げる権利を与えられた取締役又は使用人がこれを行使した場合　　給与所得とする。ただし、退職後に当該権利の行使が行われた場合において、例えば、権利付与後短期間のうちに退職を予定している者に付与され、かつ、退職後長期間にわたって生じた株式の値上り益に相当するものが主として供与されているなど、主として職務の遂行に関連を有しない利益が供与されていると認められるときは、雑所得とする。

(2) 令第84条第2項第3号又は第4号に掲げる権利を与えられた者がこれを行使した場合　　発行法人と当該権利を与えられた者との関係等に応じ、それぞれ次による。

　　イ　発行法人と権利を与えられた者との間の雇用契約又はこれに類する関係に基因して当該権利が与えられたと認められるとき　　(1)の取扱いに準ずる。

　　　(注)　例えば、措置法第29条の2第1項（特定の取締役等が受ける新株予約権等の行使による株式の取得に係る経済的利益の非課税等）に規定する「取締役等」の関係については、雇用契約又はこれに類する関係に該当することに留意する。

　　ロ　権利を与えられた者の営む業務に関連して当該権利が与えられたと認められるとき　　事業所得又は雑所得とする。

　　ハ　イ及びロ以外のとき原則として雑所得とする。

(3) 令第84条第2項第5号に掲げる権利を与えられた者がこれを行使した場合

一時所得とする。 ただし、当該発行法人の役員又は使用人に対しその地位又は職務等に関連して株式を取得する権利が与えられたと認められるときは給与所得とし、これらの者の退職に基因して当該株式を取得する権利が与えられたと認められるときは退職所得とする。

(注) (1)及び(2)の取扱いは、発行法人が外国法人である場合においても同様であることに留意する。

[第2節] **Q 過大な退職給与**

当社の役員が退職したことに伴い、役員退職金を支給しましたが、退職金の一部が法人税法34条2項の「不相当に高額な部分の金額」に該当し、法人税法上は損金不算入となっております。この「不相当に高額な部分の金額」に関する役員退職金について所得税法上の取り扱いを教えてください。

所得税法上、退職の事実に基づき支払われたものであれば、「不相当に高額な部分な金額」も含めて退職所得として課税されると考えられます。

解説

- 法人税法34条2項にて、役員給与の額のうち、「不相当に高額な部分の金額」として政令で定める金額は、損金の額に算入しない旨定めております。又、これを受け法人税法施行令70条では過大な役員給与の額について定めており、退職給与については、当該役員が業務に従事した期間や退職の事情、同業類似法人への支給状況等に照らし、算定する旨が記載されております。
- したがって、当該算定方法により算定した退職給与を上回る部分については、「不相当に高額な部分の金額」として損金不算入とされることとなります。
- 一方で、所得税法上は、退職所得について、退職手当、一時恩給その他の退職により一時に受ける給与及びこれらの性質を有する給与に係る所得と定義しております（所得税法30条1項）。
- したがって、役員退職金が過大であるとして法人税法上は否認されたとしても、所得税法上は退職の事実に基づき支払われたものである限りにおいて、退職所得の額として課税されると考えられます。

| 参考

【法人税法】

（役員給与の損金不算入）

第三十四条　（略）

2　内国法人がその役員に対して支給する給与（前項又は次項の規定の適用があるものを除く。）の額のうち不相当に高額な部分の金額として政令で定める金額は、その内国法人の各事業年度の所得の金額の計算上、損金の額に算入しない。

【法人税法施行令】

（過大な役員給与の額）

第七十条　　法第三十四条第二項（役員給与の損金不算入）に規定する政令で定める金額は、次に掲げる金額の合計額とする。

一　（略）

二　内国法人が各事業年度においてその退職した役員に対して支給した退職給与（法第三十四条第一項又は第三項の規定の適用があるものを除く。以下この号において同じ。）の額が、当該役員のその内国法人の業務に従事した期間、その退職の事情、その内国法人と同種の事業を営む法人でその事業規模が類似するものの役員に対する退職給与の支給の状況等に照らし、その退職した役員に対する退職給与として相当であると認められる金額を超える場合におけるその超える部分の金額

【所得税法】

（退職所得）

第三十条　　退職所得とは、退職手当、一時恩給その他の退職により一時に受ける給与及びこれらの性質を有する給与（以下この条において「退職手当等」という。）に係る所得をいう。

[第3節] Q 米国勤務の役員に支払う役員報酬の源泉徴収

当社は、日本国内で小売業を営む法人であり、米国に当社100％出資の子会社があります。現在、当社の役員Aを米国子会社に派遣し、Aに対する報酬は当社にて支払いを行っております。役員Aは非居住者に該当するのですが、この場合の役員報酬の源泉徴収の取り扱いについて教えてください。

日米租税条約第15条の規定により、法人の役員に対する報酬は当該報酬の支払法人が所在する国に所得源泉がある所得として取り扱われ、結果、我が国で課税されます。

解説

- 給与所得者である非居住者が内国法人の役員である場合、役員としての役務については、企業経営という職務の性質からみて、その所得の源泉地を実際の役務提供地国に限定することは妥当ではないという考え方のもと、法人の所在地国において課税することとしているため、原則として我が国の国内源泉所得に該当することになります。
- ただし、我が国が締結した租税条約でこれと異なる特例が定められている場合には、その租税条約の定めるところにより取り扱われることとなります（所得税法162条）。
- 日米の間では、日米租税条約第15条の規定により、法人の役員に対する報酬は当該報酬の支払法人が所在する国に所得源泉がある所得として取り扱われることとされております。
- したがって、役員Aに対する役員報酬については、日米租税条約の規定により、我が国の国内源泉所得に該当することになり、親会社である当社にて源泉徴収（20.42％）を行う必要があると考えられます。

●ただし、その役員が米国の支店で使用人として常時勤務するような場合に支払う報酬は国外源泉所得とされますので、その支払いの際に源泉徴収をする必要はありません。

【国税庁HP: 質疑応答事例】
「米国支店で使用人として常時勤務する役員の報酬」
<照会要旨>
　内国法人A社の役員Bは、ニューヨーク支店で支店長として常時勤務していますが、本社からこの役員Bに役員報酬を支払う際に所得税の源泉徴収は必要でしょうか。
<回答要旨>
　照会の役員Bに支払う報酬については、国外源泉所得とされ、その支払の際に源泉徴収をする必要はありません。
　内国法人から支払われる役員報酬は原則として国内源泉所得とされますが、国外において内国法人の役員としての勤務を行う者が同時にその内国法人の使用人として常時勤務を行う場合には、一般の使用人が国外において勤務した場合と同様に国内源泉所得に該当しないこととなっています（所得税法第161条第1項第12号イ、所得税法施行令第285条第1項第1号、所得税基本通達161－42）。
(注)　非居住者である内国法人の役員が、その内国法人の非常勤役員として海外において情報の提供、商取引の側面的援助を行っているに過ぎない場合は、ここでいう「内国法人の使用人として常時勤務を行う場合」には該当しません。
　したがって、照会の役員Bの場合は、ニューヨーク支店で支店長として常時勤務しているとのことですので、その役員報酬は国外源泉所得となり、日本では課税されません。
　なお、日米租税条約第15条では、役員報酬について法人の所在地国で課税できることとされていますが、所得源泉地を修正するものではありませんので、所得税法による国内源泉所得の判定には影響しません。
〈関係法令通達〉
　所得税法第161条第1項第12号イ、所得税法施行令第285条第1項、所得税基本通達161－42、日米租税条約第15条

参考

【所得税法】

(租税条約に異なる定めがある場合の国内源泉所得)

第百六十二条　日本国が締結した所得に対する租税に関する二重課税防止のための条約(以下この条において「租税条約」という。)において国内源泉所得につき前条の規定と異なる定めがある場合には、その租税条約の適用を受ける者については、同条の規定にかかわらず、国内源泉所得は、その異なる定めがある限りにおいて、その租税条約に定めるところによる。この場合において、その租税条約が同条第一項第六号から第十六号までの規定に代わつて国内源泉所得を定めているときは、この法律中これらの号に規定する事項に関する部分の適用については、その租税条約により国内源泉所得とされたものをもつてこれに対応するこれらの号に掲げる国内源泉所得とみなす。

【日米租税条約】

第十五条　一方の締約国の居住者が他方の締約国の居住者である法人の役員の資格で取得する役員報酬その他これに類する支払金に対しては、当該他方の締約国において租税を課することができる。

[第4節] **Q 不動産収入のある非居住者への給与の源泉徴収**

　当社は、昨年、納税管理人の届出書を提出して出国した非居住者に給与を支払った際、乙欄の源泉徴収しかしていなかったのですが、どの時点で非居住者としての源泉徴収をすべきか教えてください。又、この非居住者は国内不動産から賃貸収入がありますが、その不動産収入については、どのように申告すればよいでしょうか。

　納税管理人の届出書を提出しているため、昨年分より非居住者としての源泉徴収が必要となります。本来であれば給与から20.42％の源泉徴収をして、年末調整なしで終了し、不動産収入についてのみ、確定申告をします。もし、不足分の税額があれば遡って徴収した上で加算税等の更正後に追加納付が必要です。

解説

- 海外で勤務している使用人や使用人として常時海外で勤務している役員に対して国内において賞与、ボーナスなどが支払われ、その計算期間内に日本で勤務した期間が含まれている場合には、日本での勤務期間に対応する金額に対して20.42％の税率で源泉徴収が必要です。
- なお、給与等の計算期間の中途において居住者から非居住者となった場合、給与等の計算期間が1カ月以下であれば、給与等の計算期間のうちに日本での勤務期間が含まれていても源泉徴収をしなくてもよいことになっています（給与等の全額が日本での勤務に対応する場合には、20.42％の税率で源泉徴収が必要です）。
- ただし、役員の給与等に対する課税の取り扱いについては、いくつかの国と租税条約を結んでいますので、これらの租税条約の内容を確認することが必要です。
- （所得税法2、7、161、162、164、190、212、213、所得税法施行令285、復興財源確保法28、所得税法基本法通達85-1、161-41、161-42、190-1、212-5）

参考

【国税庁HP】

(タックスアンサーNo.2517　海外に転勤した人の源泉徴収)

　役員や使用人が海外の支店などに1年以上の予定で転勤した場合には、一般的には所得税法でいう非居住者、1年未満であれば居住者になります。

　ここでは、年の中途で非居住者になった役員や使用人に対する源泉徴収のしかたについて、海外に出国する前と出国した後に分けて順に説明します。

　まず、扶養控除等 (異動) 申告書を提出した居住者で、その年の年末調整の対象となるその年中に支払うべきことが確定した給与等の支給額が2,000万円以下である者が、1年以上の予定で海外に転勤することになった場合には、給与等の支払を行う者は、その居住者が海外に出国する日までに、年末調整をしなければなりません。

　年末調整の対象となる給与等は、出国する日までに支払の確定した給与等です。

　なお、社会保険料や生命保険料などの控除は、出国する日 (居住者であった期間) までに支払われたものだけに限られます。

　しかし、扶養控除や配偶者控除 (平成30年分以降は、配偶者 (特別) 控除 (源泉控除対象配偶者について控除を受けるものに限ります。)) などは、出国の時に控除の対象となる者に係る所得控除額を控除できます。控除対象となるかどうかは次により判定します。

(1) 生計を一にしていたかどうか及び親族関係にあったかどうか……出国の時の現況
(2) 合計所得金額……出国の時の現況により見積もったその年の1月1日から12月31日までの金額

　次に、非居住者になった役員や使用人に給与を支払う場合ですが、役員と使用人では、その取扱いが違います。

　海外勤務に対する報酬であっても、内国法人の役員として受ける報酬には、国内源泉所得に該当することから、20.42%の税率で源泉徴収が必要です。

　ただし、その役員が、支店長など使用人としての立場で常時海外において勤務している場合には、源泉徴収の必要はありません。

　非居住者となった使用人の海外における勤務に対する給与は、国内源泉所得に該当しないことから源泉徴収の必要はありません。

　しかし、海外で勤務している使用人や使用人として常時海外で勤務している役員に

第3章　個人所得税　　　〈 105 〉

対して国内において賞与、ボーナスなどが支払われ、その計算期間内に日本で勤務した期間が含まれている場合には、日本での勤務期間に対応する金額に対して20.42%の税率で源泉徴収が必要です。

　なお、給与等の計算期間の中途において居住者から非居住者となった場合、給与等の計算期間が1か月以下であれば、給与等の計算期間のうちに日本での勤務期間が含まれていても源泉徴収をしなくてもよいことになっています（給与等の全額が日本での勤務に対応する場合には、20.42%の税率で源泉徴収が必要です。）。

　ただし、役員の給与等に対する課税の取扱いについては、いくつかの国と租税条約を結んでいますので、これらの租税条約の内容を確認することが必要です。

（所法2、7、161、162、164、190、212、213、所令285、復興財確法28、所基通85-1、161-41、161-42、190-1、212-5）

【国税庁HP】

（タックスアンサーNo.1926　海外転勤中の不動産所得などの納税手続）

［平成29年4月1日現在法令等］

　日本国内の会社に勤めている給与所得者が1年以上の予定で海外の支店などに転勤すると、一般的には、日本国内に住所を有しない者と推定され、所得税法上の非居住者となります。

　このように海外勤務等により非居住者となる人は、海外に出発する日までに既に一定の所得があるときや、海外に出発した後国内にある不動産の貸付けによる所得や国内にある資産の譲渡による所得などの、日本国内で生じた所得（以下「国内源泉所得」といいます。）があるときは、日本で確定申告が必要になる場合があります。

　確定申告が必要となる場合には、納税管理人を定め、「所得税の納税管理人の届出書」を、その人の納税地を所轄する税務署長に提出しなければなりません。

　納税管理人とは、確定申告書の提出や税金の納付などを非居住者に代わってする人のことです（納税管理人は法人でも個人でも構いません。）。

　年の中途で海外勤務となった年分は、その年1月1日から出国する日までの間に生じた全ての所得と、出国した日の翌日からその年12月31日までの間に生じた国内源泉所得を合計して確定申告をします。

　なお、年の中途で海外勤務となった年分の確定申告書の提出期限は、出国の時まで

に納税管理人の届出書を提出したかどうかによって、次のように異なります。

1. 出国の時までに納税管理人の届出書を提出した場合

   その年1月1日から出国する日までの間に生じた全ての所得及び出国した日の翌日からその年12月31日までの間に生じた国内源泉所得（源泉分離課税となるものを除きます。）の合計額について、翌年2月16日から3月15日までの間に納税管理人を通して確定申告をする必要があります。

2. 上記以外の場合

   （1） 出国前に生じた所得のみに係る確定申告

   　　海外に出発する日までに勤務先からの給与以外の一定の所得がある場合、その年1月1日から出国する日までの間に生じた全ての所得について、その出国の時までに確定申告（準確定申告）をする必要があります。

   　　なお、1月1日から3月15日までの間に出国する場合、前年分の所得に係る確定申告書についても、出国の時までに提出する必要があります。

   　　また、海外に出発する日まで勤務先の給与のみの場合は、勤務先において年末調整が行われるので確定申告（準確定申告）をする必要はありません。

   （2） 出国前に生じた所得と出国後に生じた国内源泉所得に係る確定申告

   　　上記2（1）の確定申告書を提出したとしても、その年1月1日から出国する日までの間に生じた全ての所得及び出国した日の翌日からその年12月31日までの間に生じた国内源泉所得（源泉分離課税となるものを除きます。）について、翌年の2月16日から3月15日までの間に確定申告をする必要があります。

   　　この場合の納付すべき税額は、当該申告書において計算された納付すべき税額から上記2（1）の申告書に記載された納付すべき税額を控除した残額となります（逆に、当該申告書に記載された納付すべき税額が上記2（1）の申告書に記載された納付すべき税額より少額の場合には、その差額が還付となります。）。

   なお、海外勤務となった年の翌年以後も、日本国内で国内源泉所得が生じるときは、日本で確定申告が必要になる場合があります。この場合は、翌年2月16日から3月15日までの間に納税管理人を通して確定申告をすることになります。

（所法2、5、7、8、15、102、120、122、126、127、161、164から166、所令15、258、所基通165-1、通法117）

[第5節] Q 事業開始日

当社は太陽光発電事業を以下のスケジュールで開業することを予定していますが、業務を開始した日はいつでしょうか。
① X年12月　　土地の賃貸借契約を開始
② X＋1年2月　太陽光発電設置の工事請負契約締結
③ X＋1年4月　売電の開始

A 所得税法上、業務を開始した日は明確には定められておりませんが、過去の判例から、本件の業務を開始した日は③売電の開始日になると考えられます。

解説

- 所得税法上、業務を開始した日の明確な規定はありません。
- ただし、過去の判例（平5.10.21、裁決事例集No.46　31頁）では、以下のスケジュールで開業をした診療所の業務を開始した日付について④の診療を開始した日付をもって業務を開始した日付としております。

＜診療所　開業スケジュール＞
① 昭和63年1月　　　医院計画概要書の作成等
② 昭和63年2月　　　土地の売買契約の締結
③ 昭和63年4月　　　建物等の建築着工
④ 昭和63年11月　　　診療を開始

- 原処分庁は、業務を開始した日とは、開業計画の立案等を開始したという抽象的・主観的な日をいうのではなく、具体的・客観的に事業を開始した日、すなわち、診療行為を開始した昭和63年11月と述べております。
- 以上より、本件の太陽光発電事業における業務を開始したと具体的・客観的に証することができる日付として③の売電の開始の日付と考えられます。

[第6節] **Q 奨学金・学資金**

　医療法人である当社の従業員が認定看護師の資格をとるために休職し、奨学金として学費その他費用の半額を支給する契約を交わしております。この際の従業員に支給する奨学金について、所得税法上課税扱いされるものでしょうか。

A　使用者が自己の業務遂行上の必要に基づき、使用人に職務に必要と認められる技術、資格等に充てるものとして支給する金品は、適正な金額である場合には非課税と考えられます。

　又、これとは別に使用人に対して学資に充てるために金品を支給することがありますがこの支給する金額も一定の要件を満たしていれば、給与として課税しなくてもよいこととされています。

解説
- 使用者が自己の業務遂行上の必要に基づき、使用人に使用人としての職務に直接必要な技術や資格等を取得させるための研修会等の出席費用又は大学等における聴講費用に充てるものとして支給する金品は、これらの費用として適正なものに限り、非課税となります（所得税法基本通達36-29の2）。
- 本件の場合、医療法人が従業員に認定看護師の資格を得るために支出する金品であることから、使途・金額等が適正な金額の範囲である限りにおいて、所得税法上非課税であると考えられます。

参考

【所得税法基本通達】
（課税しない経済的利益……使用人等に対し技術の習得等をさせるために支給する金品）
36-29の2　　使用者が自己の業務遂行上の必要に基づき、役員又は使用人に当該役

員又は使用人としての職務に直接必要な技術若しくは知識を習得させ、又は免許若しくは資格を取得させるための研修会、講習会等の出席費用又は大学等における聴講費用に充てるものとして支給する金品については、これらの費用として適正なものに限り、課税しなくて差し支えない。（平28課法10-1、課個2-6、課審5-7追加）

【国税庁HP】

（タックスアンサーNo.2588　学資に充てるための費用を支出したとき）

［平成31年4月1日現在法令等］

　使用人に、学資に充てるための費用を支給する場合があります。

　この場合には、支給したこれらの費用が次の1及び2の要件を満たしていれば、給与として課税しなくてもよいことになっています。

1　通常の給与に加算して支給する費用であること

　　給与として課税しなくてもよいものは、通常の給与に加算して支給されるものに限られますので、本来支給すべき給与の額を減額した上で、それに相当する額を学資金として支給するものなどは給与として課税されます。

2　次の（1）から（4）のいずれにも該当しない費用であること

　　（法人の場合）

　　（1）役員の学資に充てるため支給する費用

　　（2）役員や使用人と特別の関係がある者（注）の学資に充てるため支給する費用

　　（個人事業者の場合）

　　（3）事業に従事する個人事業者の親族（個人事業者と生計を一にする親族を除きます。）の学資に充てるため支給する費用

　　（4）使用人（事業に従事する個人事業者の親族を含みます。）と特別の関係がある者（注）（個人事業者と生計を一にする親族を除きます。）の学資に充てるため支給する費用

（注）「特別の関係がある者」とは、次に掲げる者をいいます。

　　①　使用人（法人の役員を含みます。以下同様。）の親族

　　②　使用人と婚姻の届出をしていないが事実上婚姻関係と同様の事情にある者及びその者の直系血族

③ 使用人の直系血族と婚姻の届出をしていないが事実上婚姻関係と同様の事情
  にある者

④ ①から②に掲げる者以外の者で、使用人から受ける金銭その他の財産によっ
  て生計を維持している者及びその者の直系血族

⑤ ①から④に掲げる者以外の者で、使用人の直系血族から受ける金銭その他の
  財産によって生計を維持している者

（所法9、所令29、所基通9-14～16）

[第7節] Q 通勤手当

当社は、マイカー通勤者に対して、通勤手当として一律10万円を支給しており、全額を課税として処理していますが、今後は通勤の距離に応じた非課税枠までは非課税として処理し、超過部分を課税として処理する方針です。

この場合に算定の基礎となる通勤距離はどのように計算すればよいでしょうか。

　通勤者の通勤事情に照らし、経済的かつ合理的と認められる通勤経路に沿って距離を測定する必要があります。

解説

- 役員や使用人に通常の給与に加算して支給する通勤手当は、一定の限度額まで非課税となっており、マイカーなどで通勤している人の非課税となる1カ月当たりの限度額は、片道の通勤距離に応じて定められております（所得税法第9条1項5号、所得税法施行令20条の2）。
- この「片道の通勤距離」については、国税庁HP、タックスアンサーNo.2585にて、「通勤経路に沿った長さ」と示されております。したがって、自宅と勤務地との直線距離ではなく、実際の通勤経路の距離で計算されるものと考えられます。
- なお、当該通勤距離の測定手法について、法人税法上は明記されておらず、実務上、自宅から勤務地までを合理的な経路で走行してみて、その距離を車のメーターで計算する方法や地図アプリ等を用いて測定する等様々な手法が用いられておりますが、いずれの手法を用いたとしても、その者の通勤事情に照らし、経済的かつ合理的と認められる通勤経路であるかの妥当性を別途検証する社内統制を構築する必要があるものと考えられます。

参考

【所得税法】

（非課税所得）

第九条　次に掲げる所得については、所得税を課さない。

一～四　（略）

五　給与所得を有する者で通勤するもの（以下この号において「通勤者」という。）がその通勤に必要な交通機関の利用又は交通用具の使用のために支出する費用に充てるものとして通常の給与に加算して受ける通勤手当（これに類するものを含む。）のうち、一般の通勤者につき通常必要であると認められる部分として政令で定めるもの

【所得税法施行令】

（非課税とされる通勤手当）

第二十条の二　法第九条第一項第五号（非課税所得）に規定する政令で定めるものは、次の各号に掲げる通勤手当（これに類するものを含む。）の区分に応じ当該各号に定める金額に相当する部分とする。

一　通勤のため交通機関又は有料の道路を利用し、かつ、その運賃又は料金（以下この条において「運賃等」という。）を負担することを常例とする者（第四号に規定する者を除く。）が受ける通勤手当（これに類する手当を含む。以下この条において同じ。）　その者の通勤に係る運賃、時間、距離等の事情に照らし最も経済的かつ合理的と認められる通常の通勤の経路及び方法による運賃等の額（一月当たりの金額が十五万円を超えるときは、一月当たり十五万円）

二　通勤のため自動車その他の交通用具を使用することを常例とする者（その通勤の距離が片道二キロメートル未満である者及び第四号に規定する者を除く。）が受ける通勤手当　次に掲げる場合の区分に応じそれぞれ次に定める金額

　　イ　その通勤の距離が片道十キロメートル未満である場合　一月当たり四千二百円

　　ロ　その通勤の距離が片道十キロメートル以上十五キロメートル未満である場合　一月当たり七千百円

　　ハ　その通勤の距離が片道十五キロメートル以上二十五キロメートル未満である

場合　一月当たり一万二千九百円

ニ　その通勤の距離が片道二十五キロメートル以上三十五キロメートル未満である場合　一月当たり一万八千七百円

ホ　その通勤の距離が片道三十五キロメートル以上四十五キロメートル未満である場合　一月当たり二万四千四百円

ヘ　その通勤の距離が片道四十五キロメートル以上五十五キロメートル未満である場合　一月当たり二万八千円

ト　その通勤の距離が片道五十五キロメートル以上である場合　一月当たり三万千六百円

三　通勤のため交通機関を利用することを常例とする者（第一号に掲げる通勤手当の支給を受ける者及び次号に規定する者を除く。）が受ける通勤用定期乗車券（これに類する乗車券を含む。以下この条において同じ。）　その者の通勤に係る運賃、時間、距離等の事情に照らし最も経済的かつ合理的と認められる通常の通勤の経路及び方法による定期乗車券の価額（一月当たりの金額が十五万円を超えるときは、一月当たり十五万円）

四　通勤のため交通機関又は有料の道路を利用するほか、併せて自動車その他の交通用具を使用することを常例とする者（当該交通用具を使用する距離が片道二キロメートル未満である者を除く。）が受ける通勤手当又は通勤用定期乗車券　その者の通勤に係る運賃、時間、距離等の事情に照らし最も経済的かつ合理的と認められる通常の通勤の経路及び方法による運賃等の額又は定期乗車券の価額と当該交通用具を使用する距離につき第二号イからトまでに定める金額との合計額（一月当たりの金額が十五万円を超えるときは、一月当たり十五万円）

[第8節] Q 転勤支度金

　転勤に伴い、勤務先より転勤支度金が支給されることとなりました。この他、転居に伴う引越費用等については実費精算となっております。
　この場合の転勤支度金は給与所得として課税扱いされるものでしょうか。

　所得税法上、転勤に必要と認められる範囲を超える支給については給与所得として課税されると考えられます。

解説

- 給与所得を有する者が転任に伴う転居のための旅行をした場合に、その旅行に必要な支出に充てるため支給される金品で、その旅行について通常必要であると認められるものについては非課税となります（所得税法9条1項4号）。
- 具体的には、転居費用に充てられるもので、会社が支給する金額が転居に通常必要と認められる金額であると認められる必要があり、この「通常必要と認められる金額」の範囲については、その引っ越し等の目的地や行路などからみて、その支給額が同業者等の支給額と比べて相当であるか等を勘案した上で、通常必要な金額であるか否かを判定することとなります（所得税法基本通達9-3）。
- 一方で、「通常必要と認められる金額」の範囲を超える場合には、その超える部分の金額は、給与所得者が転任に伴う転居の際に支給されたものである場合、給与所得として課税されることとなります（所得税法基本通達9-4）。
- 本件の場合には、転居に伴う引越費用について実費精算となっており、それに加えて転勤支度金が支給されることとなっております。
- したがって、当該転勤支度金は通常必要と認められる範囲を超えた支給と考えられるので、給与所得として課税されると考えられます。

参考

【所得税法】

（非課税所得）

第九条　次に掲げる所得については、所得税を課さない。

一～三　（略）

四　給与所得を有する者が勤務する場所を離れてその職務を遂行するため旅行をし、若しくは転任に伴う転居のための旅行をした場合又は就職若しくは退職をした者若しくは死亡による退職をした者の遺族がこれらに伴う転居のための旅行をした場合に、その旅行に必要な支出に充てるため支給される金品で、その旅行について通常必要であると認められるもの

【所得税法基本通達】

（非課税とされる旅費の範囲）

9-3　　　　法第9条第1項第4号の規定により非課税とされる金品は、同号に規定する旅行をした者に対して使用者等からその旅行に必要な運賃、宿泊料、移転料等の支出に充てるものとして支給される金品のうち、その旅行の目的、目的地、行路若しくは期間の長短、宿泊の要否、旅行者の職務内容及び地位等からみて、その旅行に通常必要とされる費用の支出に充てられると認められる範囲内の金品をいうのであるが、当該範囲内の金品に該当するかどうかの判定に当たっては、次に掲げる事項を勘案するものとする。（平23課個2-33、課法9-9、課審4-46改正）

（1）その支給額が、その支給をする使用者等の役員及び使用人の全てを通じて適正なバランスが保たれている基準によって計算されたものであるかどうか。

（2）その支給額が、その支給をする使用者等と同業種、同規模の他の使用者等が一般的に支給している金額に照らして相当と認められるものであるかどうか。

（非課税とされる旅費の範囲を超えるものの所得区分）

9-4　　　　法第9条第1項第4号に規定する旅行をした者に対して使用者等からその旅行に必要な支出に充てるものとして支給される金品の額が、その旅行に通常必要とされる費用の支出に充てられると認められる範囲の金額

第3章　個人所得税　　〈117〉

を超える場合には、その超える部分の金額は、その超える部分の金額を生じた旅行の区分に応じ、それぞれ次に掲げる所得の収入金額又は総収入金額に算入する。（平元直所3-14、直法6-9、直資3-8、平22課個2-16、課法9-1、課審4-30改正）

（1）給与所得を有する者が勤務する場所を離れてその職務を遂行するためにした旅行→給与所得

（2）給与所得を有する者が転任に伴う転居のためにした旅行→給与所得

（3）就職をした者がその就職に伴う転居のためにした旅行→雑所得

（4）退職をした者がその退職に伴う転居のためにした旅行→退職所得

（5）死亡による退職をした者の遺族がその死亡による退職に伴う転居のためにした旅行→退職所得（法第9条第1項第16号の規定により非課税とされる。）

[第9節] Q 収用交換等の特別控除

個人事業者の居住用建物と事業用建物について租税特別措置法第33条の4に該当する収用による資産の譲渡を行いました。この場合の「5,000万円の特別控除」の適用順序はどのように処理すればよいでしょうか。なお、居住用建物については、租税特別措置法第31条の3の軽減税率の適用を受ける予定です。

　　5,000万円の特別控除の順序については、税負担の重い所得から順に控除することとなっております。したがって、本件の場合には事業用建物、居住用建物の順になると考えられます。

解説

- 5,000万円の特別控除は、まず、分離短期譲渡所得の金額から控除します。次に、総合短期譲渡所得、総合長期譲渡所得の順に控除し、控除不足額がある場合には更に山林所得、分離長期譲渡所得の順に控除します(租税特別措置法施行令第22条の4第1項、租税特別措置法法令解釈通達36-1)。
- この場合において、分離短期譲渡所得又は分離長期譲渡所得の中に、軽減税率対象土地等に係るものとその他の土地等があるときは、まず税負担の重い所得であるその他の土地等から順に控除することとなっています(租税特別措置法法令解釈通達32-10)。
- 本件の場合、居住用建物は租税特別措置法第31条の3(居住用財産を譲渡した場合の長期譲渡所得の課税の特例)の軽減税率の適用を受ける予定であるため、事業用建物の税率が居住用建物に比べ高いものとなっています。
- したがって、5,000万円の特別控除は税負担が重い事業用建物、居住用建物の順に控除することになると考えられます。

参考

【租税特別措置法施行令】

（収用交換等の場合の譲渡所得等の特別控除）

第二十二条の四　法第三十三条の四第二項に規定する政令で定めるところにより計算
　　　　　　　　した金額は、五千万円の範囲内において、まず同条第一項第二号の
　　　　　　　　規定により控除すべき金額から成るものとし、同号の規定の適用が
　　　　　　　　ない場合又は同号の規定により控除すべき金額が五千万円に満たな
　　　　　　　　い場合には、五千万円又は当該満たない部分の金額の範囲内におい
　　　　　　　　て、順次同項第四号、第三号又は第一号の規定により控除すべき金
　　　　　　　　額から成るものとして計算した金額とする。この場合において、同
　　　　　　　　項第四号に規定する残額に相当する金額のうちに所得税法第三十三
　　　　　　　　条第三項第一号に掲げる所得に係る部分の金額と同項第二号に掲げ
　　　　　　　　る所得に係る部分の金額とがあるときは、まず同項第一号に掲げる
　　　　　　　　所得に係る部分の金額から控除するものとする。

【租税特別措置法法令解釈通達】

（特別控除額等の控除の順序）

32-10　　　　　分離短期譲渡所得のなかに、軽減税率対象土地等に係るものとその
　　　　　　　　他の土地建物等に係るものとがある場合には、分離短期譲渡所得に
　　　　　　　　係る収用交換等の場合の5,000万円控除その他の特別控除の額は、
　　　　　　　　まず、当該その他の土地建物等に係る短期譲渡所得の金額から控除
　　　　　　　　するものとする。
　　　　　　　　所得控除額の控除についても、また同様とする。

（譲渡所得の特別控除額の累積限度額）

36-1　　　　　その年中の資産の譲渡につき、収用交換等の場合の5,000万円控除
　　　　　　　　の特例（措置法33の4）、居住用財産を譲渡した場合の3,000万円
　　　　　　　　控除の特例（措置法35）、特定土地区画整理事業等のために土地等
　　　　　　　　を譲渡した場合の2,000万円控除の特例（措置法34）、特定住宅地
　　　　　　　　造成事業等のために土地等を譲渡した場合の1,500万円控除の特例

〈120〉

（措置法34の2）、特定の土地等の長期譲渡所得の1,000万円控除の特例（措置法35の2）又は農地保有の合理化等のために農地等を譲渡した場合の800万円控除の特例（措置法34の3）の規定の2以上の特別控除の規定の適用を受ける場合において、これらの特別控除額の合計額が5,000万円を超えることとなるときは、その年中のこれらの特別控除額の合計額は、その年を通じて5,000万円とされる。この場合における特別控除額の控除は、5,000万円に達するまで次表に掲げる順序により行うこととなることに留意する。（平21課資3-5、課個2-14、課審6-12改正）

控除の区分 ＼ 所得の区分	分離短期譲渡所得	総合短期譲渡所得	総合長期譲渡所得	山林所得	分離長期譲渡所得
収用交換等の場合の5,000万円控除	①	②	③	④	⑤
居住用財産を譲渡した場合の3,000万円控除	⑥	-	-	-	⑦
特定土地区画整理事業等の場合の2,000万円控除	⑧	-	-	-	⑨
特定住宅地造成事業等の場合の1,500万円控除	⑩	-	-	-	⑪
特定の土地等の長期譲渡所得の1,000万円控除	-	-	-	-	⑫
農地保有合理化等の場合の800万円控除	⑬	-	-	-	⑭

[第10節] **Q 軽減税率（租税特別措置法31条の3）の併用**

　個人事業者の居住用建物と事業用建物について租税特別措置法33条の4に該当する収用による資産の譲渡を行いました。この場合に、居住用建物の譲渡所得について、租税特別措置法31条の3（居住用財産を譲渡した場合の長期譲渡所得の課税の特例）の軽減税率の適用を受けることはできるでしょうか。

　居住用建物の譲渡所得について、租税特別措置法31条の3の軽減税率の適用を併用することができます。

解説

● 軽減税率の適用対象となる譲渡の範囲から除かれるものは以下のとおりです（租税特別措置法31条の3第1項）。

　イ）「特別の関係がある者」（租税特別措置法施行令20条の3）に対する譲渡
　ロ）固定資産の交換の場合の譲渡所得の特例（所得税法58条）の適用を受ける譲渡
　ハ）優良住宅地の造成等のために土地等を譲渡した場合の長期譲渡所得の課税の特例（租税特別措置法31条の2）を受ける譲渡
　ニ）収用等の場合の課税の特例（租税特別措置法33〜33条の3）の適用を受ける譲渡
　ホ）特定の居住用財産の買換え（交換）の特例（租税特別措置法36条の2、36条の5）の適用を受ける譲渡
　ヘ）特定の事業用資産の買換え（交換）の特例（租税特別措置法37条、37条の4）の適用を受ける譲渡
　ト）既成市街地等内にある土地等の中高層耐火建築物等の建設のための買換え及び交換の場合の特例（租税特別措置法37条の5）の適用を受ける譲渡（同条第5項に該当するものを除く）

チ）特定の交換分合により土地等を取得した場合の特例（租税特別措置法37条の
6）の適用を受ける譲渡

リ）大規模な住宅地等造成事業の施行区域内にある土地等の造成のための交換等の
場合の特例（租税特別措置法37条の7）の適用を受ける譲渡

ヌ）特定普通財産とその隣接する土地等の交換の場合の特例（租税特別措置法37条
の9の4）の適用を受ける譲渡

ル）平成21年及び平成22年に土地等の先行取得をした場合の課税の特例（租税特
別措置法37条の9の5）の適用を受ける譲渡

●上記のとおり、収用交換等の場合の譲渡所得等の特別控除（租税特別措置法33条の
4）は排除する旨の規定がないことから、軽減税率の適用も可能と考えられます。

| 参考

【租税特別措置法】

（居住用財産を譲渡した場合の長期譲渡所得の課税の特例）

第三十一条の三　個人が、その有する土地等又は建物等でその年一月一日において第
三十一条第二項に規定する所有期間が十年を超えるもののうち居住
用財産に該当するものの譲渡（当該個人の配偶者その他の当該個人
と政令で定める特別の関係がある者に対してするもの及び所得税法
第五十八条の規定又は前条、第三十三条から第三十三条の三まで、
第三十六条の二、第三十六条の五、第三十七条、第三十七条の四、
第三十七条の五（同条第五項を除く。）、第三十七条の六、第三十
条の七、第三十七条の九の四若しくは第三十七条の九の五の規定の
適用を受けるものを除く。以下この条において同じ。）をした場合
（当該個人がその年の前年又は前々年において既にこの項の規定の
適用を受けている場合を除く。）には、当該譲渡による譲渡所得に
ついては、第三十一条第一項前段の規定により当該譲渡に係る課税
長期譲渡所得金額に対し課する所得税の額は、同項前段の規定にか
かわらず、次の各号に掲げる場合の区分に応じ当該各号に定める金
額に相当する額とする。

一　課税長期譲渡所得金額が六千万円以下である場合　当該課税長期譲渡所得金額の

百分の十に相当する金額

二　課税長期譲渡所得金額が六千万円を超える場合　次に掲げる金額の合計額

　　イ　六百万円

　　ロ　当該課税長期譲渡所得金額から六千万円を控除した金額の百分の十五に相当する金額

（収用交換等の場合の譲渡所得等の特別控除）

第三十三条の四　個人の有する資産で第三十三条第一項各号又は第三十三条の二第一項各号に規定するものがこれらの規定に該当することとなつた場合（第三十三条第三項の規定により同項第一号に規定する土地等又は同項第二号若しくは第三号に規定する土地の上にある資産につき収用等による譲渡があつたものとみなされた場合、前条第三項の規定により旧資産又は旧資産のうち同項の政令で定める部分につき収用等による譲渡があつたものとみなされた場合及び同条第五項の規定により防災旧資産のうち同項の政令で定める部分につき収用等による譲渡があつたものとみなされた場合を含む。）において、その者がその年中にその該当することとなつた資産のいずれについても第三十三条又は第三十三条の二の規定の適用を受けないとき（同条の規定の適用を受けず、かつ、第三十三条の規定の適用を受けた場合において、次条第一項の規定による修正申告書を提出したことにより第三十三条の規定の適用を受けないこととなるときを含む。）は、これらの全部の資産の収用等又は交換処分等（以下この款において「収用交換等」という。）による譲渡に対する第三十一条若しくは第三十二条又は所得税法第三十二条若しくは第三十三条の規定の適用については、次に定めるところによる。

一　第三十一条第一項中「長期譲渡所得の金額（」とあるのは、「長期譲渡所得の金額から五千万円（長期譲渡所得の金額のうち第三十三条の四第一項の規定に該当する資産の譲渡に係る部分の金額が五千万円に満たない場合には、当該資産の譲渡に係る部分の金額）を控除した金額（」とする。

二　第三十二条第一項中「短期譲渡所得の金額（」とあるのは、「短期譲渡所得の金額か

ら五千万円（短期譲渡所得の金額のうち第三十三条の四第一項の規定に該当する資産の譲渡に係る部分の金額が五千万円に満たない場合には、当該資産の譲渡に係る部分の金額）を控除した金額（」とする。

三　所得税法第三十二条第三項の山林所得に係る収入金額から必要経費を控除した残額は、当該資産の譲渡に係る当該残額に相当する金額から五千万円（当該残額に相当する金額が五千万円に満たない場合には、当該残額に相当する金額）を控除した金額とする。

四　所得税法第三十三条第三項の譲渡所得に係る収入金額から当該所得の基因となつた資産の取得費及びその資産の譲渡に要した費用の額の合計額を控除した残額は、当該資産の譲渡に係る当該残額に相当する金額から五千万円（当該残額に相当する金額が五千万円に満たない場合には、当該残額に相当する金額）を控除した金額とする。

[第11節] Q 相続した不動産の売却代金を各相続人へ配分する場合の譲渡申告

　平成30年5月7日作成の遺産分割協議書があります。

　被相続人所有の不動産について、その遺産分割協議書に「以下の不動産（宅地・雑種地等）について相続人Aが相続する。相続人Aはその不動産を速やかに売却し、売却代金から売却に関する一切の費用（中略）を控除した残額を、法定相続割合に従って各相続人に分配する」との記載があった場合、A氏の譲渡申告、税額の試算、売却代金の各人への配分をどのようにすればよいでしょうか。

　不動産については、A氏に相続登記をしたのちに売却予定であり、宅地は買い手がついたが、雑種地等はいまだ売れていません。

　この場合、全額A氏の所得として問題ないでしょうか。税務署から換価分割であり、各人で譲渡所得の申告をするように言われるのではないでしょうか。

 A　譲渡申告はA氏が全額を申告して問題ありません。

解説

- 代償分割とは、遺産の分割に当たって共同相続人などのうちの1人又は数人に相続財産を現物で取得させ、その現物を取得した人が他の共同相続人などに対して債務（代償金）を負担するものです。
- 換価分割とは、遺産を売却して、売却代金を分割する方法です。
- 換価分割と税務署から指摘される可能性について、ご質問の内容ではA氏1人が財産を相続登記して、他の相続人に売却代金を配分する、とのことですから、代償金

の金額の記載なく、支払い期限もなく、売却代金から経費等の一切を控除した残額を配分するというだけでは代償分割の要件を備えておらず、換価分割ではないかとの見方もあります。

●ただ、事実として遺産分割協議書に不動産について「A氏が相続する」旨の記載があること、不動産の相続登記はA氏のみに移転されること、その後に売買手続きが行われるのであり、他の相続人はいくらで売買されるのかを知り得ないこと、配分は法定相続割合で行うこと等から代償分割であると判断できるため、A氏1人の譲渡申告で問題ないと考えられます。

| 参考

【国税庁HP：質疑応答事例】

「遺産の換価分割のための相続登記と贈与税」

＜照会要旨＞

遺産分割の調停により換価分割をすることになりました。ところで、換価の都合上、共同相続人のうち1人の名義に相続登記をしたうえで換価し、その後において、換価代金を分配することとしました。

この場合、贈与税の課税が問題になりますか。

＜回答要旨＞

共同相続人のうちの1人の名義で相続登記をしたことが、単に換価のための便宜のものであり、その代金が、分割に関する調停の内容に従って実際に分配される場合には、贈与税の課税が問題になることはありません。

（相続税法第1条の4）

【国税庁HP：質疑応答事例】

「未分割遺産を換価したことによる譲渡所得の申告とその後分割が確定したことによる更正の請求、修正申告等」

＜照会要旨＞

相続財産のうち分割が確定していない土地を換価した場合の譲渡所得の申告はどのように行えばよいですか。

また、仮に、法定相続分に応じて申告した後、遺産分割により換価遺産（又は代金）

の取得割合が確定した場合には、そのことを理由として更正の請求又は修正申告書の提出をすることができますか。

＜回答要旨＞

　遺産分割の一形態である換価分割には、換価時に換価代金の取得割合が確定しているものと、確定しておらず後日分割されるものとがあります。

1　換価時に換価代金の取得割合が確定している場合

　　　この場合には、①換価代金を後日遺産分割の対象に含める合意をするなどの特別の事情がないため相続人が各法定相続分に応じて換価代金を取得することとなる場合と、②あらかじめ換価時までに換価代金の取得割合を定めている（分割済）場合とがあります。

　　　①の場合は、各相続人が換価遺産に有する所有割合である法定相続分で換価したのですから、その譲渡所得は、所有割合（＝法定相続分）に応じて申告することとなります。

　　　②の場合は、換価代金の取得割合を定めることは、換価遺産の所有割合について換価代金の取得割合と同じ割合とすることを定めることにほかならず、各相続人は換価代金の取得割合と同じ所有割合で換価したのですから、その譲渡所得は、換価遺産の所有割合（＝換価代金の取得割合）に応じて申告することになります。

2　換価時に換価代金の取得割合が確定しておらず、後日分割される場合

　　　遺産分割審判における換価分割の場合や換価代金を遺産分割の対象に含める合意をするなど特別の事情がある場合に、換価後に換価代金を分割したとしても、①譲渡所得に対する課税はその資産が所有者の手を離れて他に移転するのを機会にこれを清算して課税するものであり、その収入すべき時期は、資産の引渡しがあった日によるものとされていること、②相続人が数人あるときは、相続財産はその共有に属し、その共有状態にある遺産を共同相続人が換価した事実が無くなるものではないこと、③遺産分割の対象は換価した遺産ではなく、換価により得た代金であることから、譲渡所得は換価時における換価遺産の所有割合（＝法定相続分）により申告することになります。

　　　ただし、所得税の確定申告期限までに換価代金が分割され、共同相続人の全員

が換価代金の取得割合に基づき譲渡所得の申告をした場合には、その申告は認められます。

　しかし、申告期限までに換価代金の分割が行われていない場合には、法定相続分により申告することとなりますが、法定相続分により申告した後にその換価代金が分割されたとしても、法定相続分による譲渡に異動が生じるものではありませんから、更正の請求等をすることはできません。

（国税通則法第23条第2項）

【家事事件手続法】（抜粋）

第194条

換価分割とは

　相続財産を売却等により換価（換金）した後、その金銭を分配する方法。

第195条

代償分割とは

　法定相続分を超える相続財産を取得した相続人が、その取得した相続財産の額と法定相続分の差額を、他の相続人に支払う方法。

第4章

資産税

第1節　青空駐車場への小規模宅地等の特例の適用

第2節　先代名義不動産の小規模宅地等の
　　　　特例適用について

第3節　死亡退職金の受取人を子供にできるか

第4節　相続申告書への財産を取得しない者の
　　　　押印について

第5節　他の相続人に係る3年以内の贈与の有無を知る方法

第6節　純資産価額の計算上、グループ税制での
　　　　土地の譲渡損益調整を負債計上するか否か

第7節　開発が見込めない市街地山林の評価

第8節　相続税申告書第11・11の2表の附表1
　　　　「小規模宅地の特例の適用にあたっての同意欄」に
　　　　記載する相続人の氏名について

第9節　地上権の設定されたマンションの底地の評価

第10節　親子間の金銭消費貸借契約における
　　　　利息についての課税関係

[第1節] Q 青空駐車場への小規模宅地等の特例の適用

青空駐車場に小規模宅地等の特例は適用できますか？入口付近のみコンクリート敷き、あとは砂利敷きの駐車場です。

適用できません。

解説

- 小規模宅地等の特例とは、被相続人等の事業の用又は居住の用に供されていた宅地又は宅地の上に存する権利で建物や構築物の敷地の用に供されている宅地について、宅地の価格を一定の面積まで、相続税の課税価格に算入すべき金額を最大80％減額して評価する制度です（租税特別措置法第69条の４）。
- 事例は、入口付近のみコンクリート舗装はあるものの、全体面積のごく一部ですので、その部分だけで事業性を認識し得る程度に人的・物的な資本投下がなされた、とは考えにくく、砂利敷きをある程度堅固な施設というのも無理があります。
- 又、入口付近のコンクリート敷きを構築物とみて、入口付近だけの施設上でその施設を利用した事業が行われているとも言い難いでしょう。

参考

【租税特別措置法】
（小規模宅地等についての相続税の課税価格の計算の特例）
第六十九条の四　個人が相続又は遺贈により取得した財産のうちに、当該相続の開始の直前において、当該相続若しくは遺贈に係る被相続人又は当該被相続人と生計を一にしていた当該被相続人の親族（第三項において「被相続人等」という。）の事業（事業に準ずるものとして政令で定めるものを含む。同項において同じ。）の用又は居住の用（居住の用に

供することができない事由として政令で定める事由により相続の開
始の直前において当該被相続人の居住の用に供されていなかつた場
合（政令で定める用途に供されている場合を除く。）における当該事
由により居住の用に供されなくなる直前の当該被相続人の居住の用
を含む。同項第二号において同じ。）に供されていた宅地等（土地又
は土地の上に存する権利をいう。同項及び次条第五項において同
じ。）で財務省令で定める建物又は構築物の敷地の用に供されてい
るもののうち政令で定めるもの（特定事業用宅地等、特定居住用宅
地等、特定同族会社事業用宅地等及び貸付事業用宅地等に限る。以
下この条において「特例対象宅地等」という。）がある場合には、当
該相続又は遺贈により財産を取得した者に係る全ての特例対象宅地
等のうち、当該個人が取得をした特例対象宅地等又はその一部でこ
の項の規定の適用を受けるものとして政令で定めるところにより選
択をしたもの（以下この項及び次項において「選択特例対象宅地等」
という。）については、限度面積要件を満たす場合の当該選択特例
対象宅地等（以下この項において「小規模宅地等」という。）に限り、
相続税法第十一条の二に規定する相続税の課税価格に算入すべき価
額は、当該小規模宅地等の価額に次の各号に掲げる小規模宅地等の
区分に応じ当該各号に定める割合を乗じて計算した金額とする。

【判例】

札幌地裁平成21年1月29日却下・棄却・確定　相続税更正処分等取消請求事件

税務訴訟資料 第259号-16（順号11129）

※一部引用

　立法の経緯、目的からすれば、本件特例は、個人の生活基盤の保護という側面だけ
でなく、個人事業の承継の保護の側面や事業が雇用の場でもあり取引先等との密接な
関係を有することによる処分面での制約等をも考慮したものであるということができ
る。

　そうすると、物的、人的施設に乏しく、その撤去や除去が容易にできる場合には、
その敷地の転用もし易く、「処分面での制約」は少ないといえるから、本件特例に規定

する「構築物」とは、事業性を認識しうる程度に人的・物的な資本投下がなされた、ある程度堅固な施設であり、かつ、その施設上において、その施設を利用した事業が行われているようなものであることを要すると解すべきである。

[第2節] Q 先代名義不動産の小規模宅地等の特例適用について

　被相続人が居住していた自宅の敷地は、5年前に亡くなった被相続人の父親の名義のままになっています。父親の相続については未分割です。

　この自宅の敷地に小規模宅地等の特例適用はできるでしょうか？

　又、相続税の申告期限までに分割が決まらなかった場合、「3年内分割見込書」や「遺産が未分割であることについてやむを得ない事由がある旨の承認申請書」は提出できますか？

　申告期限までに先代の遺産分割をして、被相続人の遺産分割まで済んだ場合は小規模宅地等の特例適用ができます。又、当初申告時に被相続人の遺産について未分割だった場合、「申告期限後3年以内の分割見込書」を提出することはできます。ただ、「遺産が未分割であることについてやむを得ない事由がある旨の承認申請」については申告期限から3年を経過する日にやむを得ない事由があった場合に税務署に提出するものなので、当初申告に添付して提出するものではありません。

解説

- 小規模宅地等の特例とは、被相続人等の事業の用又は居住の用に供されていた宅地又は宅地の上に存する権利で建物や構築物の敷地の用に供されている宅地等を相続人が取得した場合、宅地等の価格を一定の面積まで、相続税の課税価格に算入すべき金額を最大80％減額して評価する制度です（租税特別措置法第69条の4）。
- 被相続人の居住の用に供されていた自宅敷地は、分割が確定していれば特例適用が可能ですが、当初の申告時に分割されていない財産について、小規模宅地等の特例の適用を受けることはできません。

●当初申告時に未分割でも相続税の申告書に「申告期限後3年以内の分割見込書」を添付して提出しておき、相続税の申告期限から3年以内に分割された場合には、特例の適用を受けることができます。適用を受ける場合、分割が行われた日の翌日から4カ月以内に「更正の請求」を行うことができます。

●なお、相続税の申告期限の翌日から3年を経過する日において相続等に関する訴えが提起されているなど一定のやむを得ない事情がある場合において、「遺産が未分割であることについてやむを得ない事由がある旨の承認申請書」を申告期限後3年を経過する日の翌日から2カ月を経過する日までに提出し、その申請につき所轄税務署長の承認を受けた場合には、判決の確定の日など一定の日の翌日から4カ月以内に分割されたときに、これらの特例の適用を受けることができます。適用を受ける場合は、分割が行われた日の翌日から4カ月以内に「更正の請求」を行うことができます（相続税法19の2、32、租税特別措置法69の4、相続税法施行令4の2、租税特別措置法施行令40の2、相続税法施行規則1の6、租税特別措置法施行規則23の2）。

| 参考

【租税特別措置法】

（小規模宅地等についての相続税の課税価格の計算の特例）

第六十九条の四　1〜3（略）

4　第一項の規定は、同項の相続又は遺贈に係る相続税法第二十七条の規定による申告書の提出期限（以下この項において「申告期限」という。）までに共同相続人又は包括受遺者によつて分割されていない特例対象宅地等については、適用しない。ただし、その分割されていない特例対象宅地等が申告期限から三年以内（当該期間が経過するまでの間に当該特例対象宅地等が分割されなかつたことにつき、当該相続又は遺贈に関し訴えの提起がされたことその他の政令で定めるやむを得ない事情がある場合において、政令で定めるところにより納税地の所轄税務署長の承認を受けたときは、当該特例対象宅地等の分割ができることとなつた日として政令で定める日の翌日から四月以内）に分割された場合（当該相続又は遺贈により財産を取得した者が次条第一項の規定の適用を受けている場合を除く。）には、その分割された当該特例対象宅地等については、この限りでない。

[第3節] Q 死亡退職金の受取人を子供にできるか

　会社役員だった父が亡くなりました。会社から支払われる死亡退職金を息子の相続税の納税資金に充てたいと考えています。

　会社の役員慰労金規定を確認したところ、「死亡退職金の受取人は第一順位　配偶者、第二順位　子……」という一般的なフォーマットの規定と「相続人全員の申し出により退職金の受取人を変更できる」という規定の両方が記載されています。

　このような場合、相続税法基本通達3-25（1）に記載されている「支給を受ける者が具体的に定められている場合」に該当するのか、（2）「支給を受ける者が具体的に定められていない場合」に該当するのか、どちらになりますか？

　息子が死亡退職金を受け取ることができるでしょうか。

　支給を受ける者が具体的に定められていない場合に該当するため、相続人全員の申し出により、息子さんが死亡退職金を受けとることができます（相続税法基本通達3-25）。

解説

●役員慰労金規定に、死亡退職金の受取人について、順位の定めと相続人全員の申し出により受取人を変更できる旨の両方の規定があった場合、相続人全員の申出の有無がはっきりするまでは受取人は一応の順番はあるものの、具体的に定まっていないため、相続税法基本通達3-25（2）の支給を受ける者が具体的に定められていない場合に該当します。

第4章　資産税　〈137〉

参考

【相続税法基本通達3-25】

（退職手当金等の支給を受けた者）

3-25 　　　　法第3条第1項第2号の被相続人に支給されるべきであった退職手当金
　　　　　　　等の支給を受けた者とは、次に掲げる場合の区分に応じ、それぞれ次に
　　　　　　　掲げる者をいうものとする。（昭57直資2-177追加）

（1）退職給与規程その他これに準ずるもの（以下3-25において「退職給与規程等」と
　　いう。）の定めによりその支給を受ける者が具体的に定められている場合　当該
　　退職給与規程等により支給を受けることとなる者

（2）退職給与規程等により支給を受ける者が具体的に定められていない場合又は当該
　　被相続人が退職給与規程等の適用を受けない者である場合

　　イ　相続税の申告書を提出する時又は国税通則法（昭和37年法律第66号。以下
　　　「通則法」という。）第24条から第26条までの規定による更正（以下「更正」と
　　　いう。）若しくは決定（以下「決定」という。）をする時までに当該被相続人に
　　　係る退職手当金等を現実に取得した者があるとき　その取得した者

　　ロ　相続人全員の協議により当該被相続人に係る退職手当金等の支給を受ける者
　　　を定めたとき　その定められた者

　　ハ　イ及びロ以外のとき　その被相続人に係る相続人の全員

（注）　この場合には、各相続人は、当該被相続人に係る退職手当金等を各人均等に取
　　　得したものとして取り扱うものとする。

[第4節] **Q 相続申告書への財産を取得しない者の押印について**

　相続税の申告書を税務署へ提出する際の相続人の押印についてお尋ねします。
　相続人はA、B、Cの3名ですが、Cは財産を取得しないことで合意済みです。
　相続税申告書にCにも押印をもらわなければならないとすると、財産の総額がCに分かってしまうため、相続税申告書にCには押印をもらわずに提出ができないかと考えています。
　このようなことは可能でしょうか？

　可能です。相続税の申告書に押印しないということは、その者は申告してないということです。Cは財産を取得していませんので納税義務がありません。したがってCのみ押印しないことは可能です。

解説

【申告書の提出義務】
- 財産の総額が基礎控除を超える場合に、納付すべき税額が算出される相続人は相続税の申告書を提出しなければなりません（相続税法27条第1項、相続税法基本通達27-1）が、ご質問の相続人Cは財産を取得しないとのことですので、納付すべき税額は算出されないでしょう。したがって申告書の提出義務はありませんので、申告書へ押印しないことは可能です。
- ただし、申告した後で新たな財産が出てきて相続人Cが財産を取得することとなった場合、申告期限までに申告書を提出していなければ無申告加算税が課されることとなります。
- ご質問では相続人Cは財産を取得しないことで合意済みとのことですが、財産の総額を知らせなかったことでトラブルとならないよう、申告書の提出義務がなくとも

申告書へ押印をもらって提出しておくことも可能です。

| 参考

【相続税法】

（相続税の申告書）

第二十七条　相続又は遺贈（当該相続に係る被相続人からの贈与により取得した財産
で第二十一条の九第三項の規定の適用を受けるものに係る贈与を含む。
以下この条において同じ。）により財産を取得した者及び当該被相続人
に係る相続時精算課税適用者は、当該被相続人からこれらの事由により
財産を取得したすべての者に係る相続税の課税価格（第十九条又は第
二十一条の十四から第二十一条の十八までの規定の適用がある場合に
は、これらの規定により相続税の課税価格とみなされた金額）の合計額
がその遺産に係る基礎控除額を超える場合において、その者に係る相続
税の課税価格（第十九条又は第二十一条の十四から第二十一条の十八ま
での規定の適用がある場合には、これらの規定により相続税の課税価格
とみなされた金額）に係る第十五条から第十九条まで、第十九条の三か
ら第二十条の二まで及び第二十一条の十四から第二十一条の十八までの
規定による相続税額があるときは、その相続の開始があつたことを知つ
た日の翌日から十月以内（その者が国税通則法第百十七条第二項（納税
管理人）の規定による納税管理人の届出をしないで当該期間内にこの法
律の施行地に住所及び居所を有しないこととなるときは、当該住所及び
居所を有しないこととなる日まで）に課税価格、相続税額その他財務省
令で定める事項を記載した申告書を納税地の所轄税務署長に提出しなけ
ればならない。

【相続税法基本通達】

（相続税の申告書の提出義務者）

27-1　　　　相続税の申告書を提出しなければならない者は、相続又は遺贈（当該相
続に係る被相続人からの贈与により取得した財産で相続時精算課税の適
用を受けるものに係る贈与を含む。以下27-8までにおいて同じ。）によ
つて財産を取得した者で、その取得した財産につき法第19条の2第1項

〈140〉

並びに措置法第69条の4第1項、第69条の5第1項、第70条第1項、第3項及び第10項の規定の適用がないものとして計算した場合において納付すべき相続税額があるものに限られるのであるから留意する。(昭41直審（資）5、昭46直審（資）6、昭50直資2-257、平15課資2-1、平19課資2-5、課審6-3改正)

[第5節] Q 他の相続人に係る3年以内の贈与の有無を知る方法

　相続税の申告書を作成しています。相続人が2人（長男、次男）いますが、相続人同士が争っており、税理士をそれぞれ別に立てています。税理士同士の情報共有もしない方針です。このような中で、相手側の相続人に被相続人からの贈与があったかどうか、3年内贈与加算の必要があるかどうかを知るには、どうしたらよいでしょうか。相続税法49条の申告内容の開示請求以外にないでしょうか？

　　　税務署で相続税法49条の開示請求をすることとなります。

解説

- 相続税法49条の開示請求とは、国税庁における開示請求手続きです。具体的には「行政文書開示請求書」に必要事項を記載して、税務署へ書面により提出し、開示の実施を申し出ます。開示の実施を受けるには、開示実施手数料300円の納付が必要となります。又、写しの送付を希望される方は、開示実施手数料のほか、送付に要する費用（郵便切手等）が必要となります。原則として30日以内に行われ、開示決定通知書によって通知されます。開示決定までは時間がかかります。
- 贈与税の申告内容の開示については、被相続人の相続開始時における住所地の所轄税務署長に対して開示請求することができます。具体的な開示内容は、（1）相続開始前3年以内の贈与（2）相続時精算課税適用財産に限られています。
- ご質問のように他の相続人の生前贈与財産の3年内贈与加算のみならず、平成15年から相続時精算課税制度が導入され、この相続時精算課税制度を適用して贈与を受けた財産は、相続開始前3年以内の贈与かどうかにかかわらず、全て相続財産として加算しなければなりません。それを失念していて税務調査で修正を求められる

ケースがありますので、開示請求の際には忘れずに相続時精算課税適用財産についても確認してください。

参考

【相続税法】

（相続時精算課税等に係る贈与税の申告内容の開示等）

第四十九条　相続又は遺贈（当該相続に係る被相続人からの贈与により取得した財産で第二十一条の九第三項の規定の適用を受けるものに係る贈与を含む。）により財産を取得した者は、当該相続又は遺贈により財産を取得した他の者（以下この項において「他の共同相続人等」という。）がある場合には、当該被相続人に係る相続税の期限内申告書、期限後申告書若しくは修正申告書の提出又は国税通則法第二十三条第一項（更正の請求）の規定による更正の請求に必要となるときに限り、他の共同相続人等が当該被相続人から当該相続の開始前三年以内に取得した財産又は他の共同相続人等が当該被相続人から取得した第二十一条の九第三項の規定の適用を受けた財産に係る贈与税の申告書に記載された贈与税の課税価格（当該贈与税について修正申告書の提出又は更正若しくは決定があつた場合には、当該修正申告書に記載された課税価格又は当該更正若しくは決定後の贈与税の課税価格）の合計額について、政令で定めるところにより、当該相続に係る被相続人の死亡の時における住所地その他の政令で定める場所の所轄税務署長に開示の請求をすることができる。

2　前項の請求があつた場合には、税務署長は、当該請求をした者に対し、当該請求後二月以内に同項の開示をしなければならない。

[第6節]

Q 純資産価額の計算上、グループ税制での土地の譲渡損益調整を負債計上するか否か

　A社の株価の評価をしています。A社の資産には、グループ法人税制により繰り延べられた土地の譲渡損があり、税務上、資産の簿価に土地の譲渡損益調整勘定がたつと思います。この譲渡損益調整勘定は純資産価額方式による評価計算をする際に、負債として計上すべきでしょうか？

　それとも将来土地を売却した際には戻し入れ損となるため、財産性がないものとして考え、負債に計上する必要はないのでしょうか？

　純資産価額方式による株価計算上、譲渡損益調整勘定を資産又は負債として計上する必要はありません。

解説

- ①資産（税務上の簿価）として計上された譲渡損益調整勘定は"財産性がない"ので、資産として計上する必要はない（財産評価基本通達185）、②負債（税務上の簿価）として計上された譲渡損益調整勘定は"確実な債務"とはいえないので、負債として控除することはできない（財産評価基本通達186）との理由により、グループ法人税制が適用される場合には譲渡損益調整勘定が純資産価額に反映されないことになります。
- グループ法人税制は、平成22年度税制改正で導入され、以後、完全支配関係がある内国法人間における譲渡損益調整資産の譲渡に係る譲渡損益は繰り延べられることになりました。こうした中、国税庁は質疑応答事例を公表、「類似業種比準方式における1株当たりの利益金額の計算では"非経常的な利益"は除外することとされていることを踏まえ、1株当たりの利益金額の計算上、①繰り延べられた譲渡益は、

法人税の課税所得金額に加算する必要なし、②譲渡損益調整勘定の戻入益は、法人税の課税所得金額から控除」とする取り扱いを明らかにしています。これに対し、純資産価額方式による株価計算上、譲渡損益調整勘定を資産又は負債に計上するのか否かについて国税庁の公表はないものの、財産評価基本通達において資産及び負債を計上するか否かの判断基準は財産性の有無と確実な債務といえるかどうかであると読み取れることから、グループ法人税制による譲渡損益調整勘定については純資産価額方式による株価計算上は計上の必要がないと判断できるでしょう。

| 参考

【財産評価基本通達】

（純資産価額）

| 185 | 179（（取引相場のない株式の評価の原則））の「1株当たりの純資産価額（相続税評価額によって計算した金額）」は、課税時期における各資産をこの通達に定めるところにより評価した価額（この場合、評価会社が課税時期前3年以内に取得又は新築した土地及び土地の上に存する権利（以下「土地等」という。）並びに家屋及びその附属設備又は構築物（以下「家屋等」という。）の価額は、課税時期における通常の取引価額に相当する金額によって評価するものとし、当該土地等又は当該家屋等に係る帳簿価額が課税時期における通常の取引価額に相当すると認められる場合には、当該帳簿価額に相当する金額によって評価することができるものとする。以下同じ。）の合計額から課税時期における各負債の金額の合計額及び186-2（（評価差額に対する法人税額等に相当する金額））により計算した評価差額に対する法人税額等に相当する金額を控除した金額を課税時期における発行済株式数で除して計算した金額とする。 |

（純資産価額計算上の負債）

| 186 | 前項の課税時期における1株当たりの純資産価額（相続税評価額によって計算した金額）の計算を行う場合には、貸倒引当金、退職給与引当金（平成14年改正法人税法附則第8条（（退職給与引当金に関する経過措置））第2項及び第3項の適用後の退職給与引当金勘定の金額に相当する金額を除く。）、納税引当金その他の引当金及び準備金に相当する金額は |

負債に含まれないものとし、次に掲げる金額は負債に含まれることに留意する（次項及び186-3≪評価会社が有する株式等の純資産価額の計算≫において同じ。）。（昭47直資3-16・昭58直評5外・平2直評12外・平11課評2-2外・平12課評2-4外・平18課評2-27外改正）

(1) 課税時期の属する事業年度に係る法人税額、消費税額、事業税額、道府県民税額及び市町村民税額のうち、その事業年度開始の日から課税時期までの期間に対応する金額（課税時期において未払いのものに限る。）

(2) 課税時期以前に賦課期日のあった固定資産税の税額のうち、課税時期において未払いの金額

(3) 被相続人の死亡により、相続人その他の者に支給することが確定した退職手当金、功労金その他これらに準ずる給与の金額

【相続税法】

（債務控除）

第十三条　相続又は遺贈により財産を取得した者が第一条の三第一項第一号又は第二号の規定に該当する者である場合においては、当該相続又は遺贈により取得した財産については、課税価格に算入すべき価額は、当該財産の価額から次に掲げるものの金額のうちその者の負担に属する部分の金額を控除した金額による。

一　被相続人の債務で相続開始の際現に存するもの（公租公課を含む。）

二　被相続人に係る葬式費用

[第7節] Q 開発が見込めない市街地山林の評価

被相続人は市街地に山林を所有しています。その山林につき近隣の宅地の評価額を基に宅地造成費を控除して評価額を算出したところ、多額の造成費がかかるため、最も近い場所にある純山林の評価額を下回ってしまいました。このような場合には市街地山林であっても純山林として評価するのでしょうか。

　宅地比準方式により評価した市街地山林の価額が純山林としての価額を下回る場合には、純山林としての価額により評価します。

解説

- 市街地山林について宅地転用が見込めないと認められる場合には、その山林の価額は、近隣の純山林の価額に比準して評価します(財産評価基本通達49)。
- 宅地転用が見込めない市街地山林であるか否かは、
  ①宅地へ転用するには多額の造成費を要する場合のように経済的合理性から判断する場合
  ②宅地造成が不可能と認められるような急傾斜地等、その形状から判断する場合
  が考えられます。
- 経済的合理性から判断する場合、市街地山林について、宅地造成費に相当する金額を控除して評価する場合、宅地としての価額より宅地造成費に相当する金額の方が大きいため(多額の造成費がかかる場合)、その評価額がマイナスとなることも予想されます。評価額がマイナスであるということは、その市街地山林が負の資産であることを意味することになりますが、合理的な経済人であれば、宅地として100の価値しかない土地へ、その価値を超える造成費(例えば120)を投下することはあり得ず(120を投下しても100でしか売却(回収)できない)、通常、その市街地山林は現況のまま放置されることとなります。又、経済的合理性からみて宅地への転用が見込めない場合であっても、土地の所有権を持っていれば、通常、その土地

本来の現況地目である山林としての利用が最低限可能であることから、その土地の価額は、その対象地本来の現況地目である山林の価額（宅地化期待益を含まない林業経営のための純山林の価額）を下回ることはないと考えられます。

●以上のことから、宅地比準方式により評価した市街地山林の価額が純山林としての価額を下回る場合には、経済的合理性の観点から宅地への転用が見込めない市街地山林に該当するものと考えられ、その市街地山林の価額は、純山林としての価額により評価することとなっています。

| 参考

【財産評価基本通達】

（市街地山林の評価）

49　市街地山林の価額は、その山林が宅地であるとした場合の1平方メートル当たりの価額から、その山林を宅地に転用する場合において通常必要と認められる1平方メートル当たりの造成費に相当する金額として、整地、土盛り又は土止めに要する費用の額がおおむね同一と認められる地域ごとに国税局長の定める金額を控除した金額に、その山林の地積を乗じて計算した金額によって評価する。

ただし、その市街地山林の固定資産税評価額に地価事情の類似する地域ごとに、その地域にある山林の売買実例価額、精通者意見価格等を基として国税局長の定める倍率を乗じて計算した金額によって評価することができるものとし、その倍率が定められている地域にある市街地山林の価額は、その山林の固定資産税評価額にその倍率を乗じて計算した金額によって評価する。

なお、その市街地山林について宅地への転用が見込めないと認められる場合には、その山林の価額は、近隣の純山林の価額に比準して評価する。（昭41直資3-19・昭45直資3-13・昭47直資3-16・昭48直資3-33・平16課評2-7外・平29課評2-46外改正）

2　「その市街地山林について宅地への転用が見込めないと認められる場合」とは、その山林を本項本文によって評価した場合の価額が近隣の純山林の価額に比準して評価した価額を下回る場合、又はその山林が急傾斜地等であるために宅地造成ができないと認められる場合をいう。

〈148〉

[第8節]

Q 相続税申告書第11・11の2表の附表1「小規模宅地の特例の適用にあたっての同意欄」に記載する相続人の氏名について

相続税の申告書の第11・11の2表の附表1の「小規模宅地の特例の適用にあたっての同意欄」に記載する相続人の氏名は、土地を取得した全ての相続人を記載すればよいのでしょうか？

そもそも小規模宅地の適用ができない土地を取得した相続人の氏名も記載するということであっていますか？

A 小規模宅地の特例の対象となり得る財産を取得した、全ての相続人の氏名を記載します。土地を取得した全ての相続人の氏名を記載する必要はありません。

解説

- 「小規模宅地の特例の適用にあたっての同意欄」への記載とは、同一の被相続人に係る相続人等が特例対象宅地等のうち、それぞれ異なる特例対象宅地等を選択して本件特例の適用を受けようとして、相続税の課税価格が確定できない結果となることがないようにするためのものです。
- 過去の裁決事例、判例等においては下記のような場合に相続人全員の同意を証する書類の添付が求められていました。
  - 未分割で、相続人が複数であり財産の中に特例対象宅地等がある場合
  - 分割された特例対象宅地等のほかに未分割である特例対象宅地等があり特例対象宅地を取得する可能性のあるのが相続人全員である場合
  - 遺言の無効確認訴訟の提起がされ、特例対象宅地を取得する可能性のあるのが相続人全員である場合
- 結果として、その申告でA相続人が選択したと異なる他の特例対象宅地等を選択す

るＢ相続人がいて、相続人ごとに課税価格が異なってしまい、当該課税価格を確定
できない、ということが起こる可能性がないのであれば、相続人全員の同意を証す
る必要はないと思われます（租税特別措置法施行令第40条の2第5項3号）。

●ただ、土地を取得した相続人全員の氏名を記載しても、特段、問題はありません。
仮に、ある土地について小規模宅地の特例適用ができないと思っていたが、実は特
例適用が可能な宅地に該当していた、という例も考えられますので、特例の対象と
なり得る可能性がある宅地を取得した相続人全員の氏名を記載しておいても、問題
ないと思われます。

| 参考

【租税特別措置法施行令】（抜粋）

第四十条の二　　1～4（略）

5　　　法第六十九条の四第一項に規定する個人が相続又は遺贈（贈与をした者
　　　の死亡により効力を生ずる贈与を含む。以下この条及び次条において同
　　　じ。）により取得した同項に規定する特例対象宅地等（以下この項及び第
　　　十七項において「特例対象宅地等」という。）のうち、法第六十九条の四
　　　第一項の規定の適用を受けるものの選択は、次に掲げる書類の全てを同
　　　条第六項に規定する相続税の申告書に添付してするものとする。ただし、
　　　当該相続若しくは遺贈又は贈与（当該相続に係る被相続人からの贈与
　　　（贈与をした者の死亡により効力を生ずる贈与を除く。）であつて当該贈
　　　与により取得した財産につき相続税法第二十一条の九第三項の規定の適
　　　用を受けるものに係る贈与に限る。

一　当該特例対象宅地等を取得した個人がそれぞれ法第六十九条の四第一項の規定の
　　適用を受けるものとして選択をしようとする当該特例対象宅地等又はその一部に
　　ついて同項各号に掲げる小規模宅地等の区分その他の明細を記載した書類

二　当該特例対象宅地等を取得した全ての個人に係る前号の選択をしようとする当該
　　特例対象宅地等又はその一部の全てが法第六十九条の四第二項に規定する限度面
　　積要件を満たすものである旨を記載した書類

三　当該特例対象宅地等又は当該特例対象山林若しくは当該特例対象受贈山林を取得
　　した全ての個人の第一号の選択についての同意を証する書類

【裁決事例】

平成26年8月8日裁決（抜粋）

「選択特例対象宅地等についての措置法施行令第40条の2第3項第3号に掲げる同意を証する書類の添付がない場合における本件特例の適用の可否について」

　特例対象宅地等を取得した全ての個人の同意を証する書類の添付が求められている趣旨は、同一の被相続人に係る相続人等が特例対象宅地等のうち、それぞれ異なる特例対象宅地等を選択して本件特例の適用を受けようとして、相続税の課税価格が確定できない結果となることがないようにすることにある。

　本件のように分割された特例対象宅地等のほかに未分割である特例対象宅地等があった場合において、本件相続税の申告段階で特例対象宅地等を取得した全ての個人の同意を証する書類の提出がないにもかかわらず、分割された特例対象宅地等に本件特例の適用を認めることは、未分割であった特例対象宅地等が後に分割され、他の特例対象宅地等を選択する相続人がいた場合には、結果として、相続人ごとに課税価格が異なってしまい、当該課税価格を確定できない結果の生じる可能性を認めることにほかならないのであるから、特例対象宅地等を取得した全ての個人の同意を証する書類の添付が求められている。

[第9節] Q 地上権の設定されたマンションの底地の評価

　地上権の設定されたマンションの底地の評価について、地上権の割合（40%）を使うか、借地権割合（30%）を使うかの判断に迷っています。
　地上権の存続期間が設定されているため、地上権割合を使用してよいでしょうか。
　なお、登記事項証明書には地上権設定の目的は、「堅固建築物所有」と記載されています。

 借地権の評価になると思われます。

解説
- 地上権とは他人の土地を使用できる権利ですが、借地権の1つでもあります。地上権は登記の義務があり、登記簿に「地上権設定」と記載され、同時にその登記事項である目的等が必ず記載されます。
- 借地権とは、借地借家法において「建物の所有を目的とする地上権又は土地の賃借権をいう」と定義されています（借地借家法第2条1号）。
- 借地借家法に規定する借地権を地上権及び永小作権の評価から除くこととなっています（相続税法23条）。
- ご質問では登記事項証明書に地上権設定の目的は「堅固建築物所有」と記載されています。堅固建築物、つまり建物の所有を目的とする地上権であり、相続税法23条の借地借家法に規定する借地権に該当しますので、地上権及び永小作権の評価からは除かれ、借地権の評価を用いることとなると思われます。

| 参考

【相続税法】

（地上権及び永小作権の評価）

第二十三条　地上権（借地借家法（平成三年法律第九十号）に規定する借地権又は民法第二百六十九条の二第一項（地下又は空間を目的とする地上権）の地上権に該当するものを除く。以下同じ。）及び永小作権の価額は、その残存期間に応じ、その目的となつている土地のこれらの権利を取得した時におけるこれらの権利が設定されていない場合の時価に、次に定める割合を乗じて算出した金額による。

残存期間が十年以下のもの	百分の五
残存期間が十年を超え十五年以下のもの	百分の十
残存期間が十五年を超え二十年以下のもの	百分の二十
残存期間が二十年を超え二十五年以下のもの	百分の三十
残存期間が二十五年を超え三十年以下のもの 及び地上権で存続期間の定めのないもの	百分の四十
残存期間が三十年を超え三十五年以下のもの	百分の五十
残存期間が三十五年を超え四十年以下のもの	百分の六十
残存期間が四十年を超え四十五年以下のもの	百分の七十
残存期間が四十五年を超え五十年以下のもの	百分の八十
残存期間が五十年を超えるもの	百分の九十

【借地借家法】

（定義）

第二条　　この法律において、次の各号に掲げる用語の意義は、当該各号に定めるところによる。

一　借地権　建物の所有を目的とする地上権又は土地の賃借権をいう。

二　借地権者　借地権を有する者をいう。

三　借地権設定者　借地権者に対して借地権を設定している者をいう。

[第10節] Q 親子間の金銭消費貸借契約における利息についての課税関係

　親から借入れを行います。親の本年度以降の収入は、公的年金と個人年金がメインですが、アルバイトでの給与所得も多少あります。
　借入金は5,000万円で、15年程度で分割返済する予定です。

① こういった親子間での金銭消費貸借の場合も、利息を取るべきでしょうか？
② この場合、親に雑所得が発生するのでしょうか？
③ 借入金額の過多によっても違いますでしょうか？
④ 「取る」とした場合、110万円の贈与税基礎控除範囲内であれば、利息を免除することも可能でしょうか？
⑤ 利率は、一般的な長期金利と同程度である必要がありますでしょうか？

　親子間の金銭消費貸借の場合も利息を取るべきであり、受け取った利息は親の雑所得となります。利息を支払わないときは、利息免除分が父から子への贈与となります。ただ、「利益を受ける金額が少額である場合又は課税上弊害がないと認められる場合には、強いてこの取り扱いをしなくても妨げないものとする」(相続税法基本通達9-10)とされています。利率は市場金利を参考にしてこの範囲内で設定していれば、問題ないと考えます。

解説 ■■■■■■■■■■■■■■■■■■■■■■■■■■■■■■■■■■■■■■

- ●親子間での金銭の貸借が贈与と認定されないためには、親族以外の第三者と同様、「金銭消費貸借契約書」を作成し、返済期間（期日）、利息、返済方法（銀行振込口座等）などの条件を付して真に金銭の貸借であることを明確にした上で実際にその約定のとおりに返済している事実があることが肝要です。

- ●又、利息については、親子間において無利息で金銭の貸付けがなされている場合には、利息相当額の利益を受けたことで、その利息相当額は贈与により取得したものとみなして贈与税が課税されますが（相続税法9条）、「その利益を受ける金額が少額である場合や課税上弊害がないと認められる場合には、強いてこの取り扱いをしなくても妨げないものとする」（相続税法基本通達9-10）とされています。

- ●「金銭消費貸借契約書」において利息の支払いが明記されていた場合には、この利息については、親の雑所得（利息未払いの場合も同様）となり、所得税の課税対象となります。

- ●親族間の資金貸借の場合の無利息に対して、贈与税や所得税が課税された事例は見当たらないので、借入金額の過多は不明で答えられません（社会通念を超越するような借入金額であれば、無利息課税が行われると思われます）。

- ●利息を付した以上、親には実際の利息の入金がなくても利息収入（雑所得）が発生しますが、この利息を受け取ることを免除した場合には、無償で経済的利益を与えたとして、子に対する贈与になると考えます。この場合、この利息が年間110万円の範囲内であれば贈与税はゼロとなります。

- ●しかしながら、毎年、当該期間（期日）の利息を免除するなどして、最初から返済する意思がないものと認定された場合には、借入全期間に対する利息が贈与税の対象になるものと考えます。

- ●親子間の貸借の利率に関する規定は見当たらないので、市場金利を参考にしてこの範囲内で設定していれば、問題ないと考えます。

【相続税法】

（贈与又は遺贈により取得したものとみなす場合）

第九条　　　第五条から前条まで及び次節に規定する場合を除くほか、対価を支払わないで、又は著しく低い価額の対価で利益を受けた場合においては、当該利益を受けた時において、当該利益を受けた者が、当該利益を受けた時における当該利益の価額に相当する金額（対価の支払があつた場合には、その価額を控除した金額）を当該利益を受けさせた者から贈与（当該行為が遺言によりなされた場合には、遺贈）により取得したものとみなす。ただし、当該行為が、当該利益を受ける者が資力を喪失して債務を弁済することが困難である場合において、その者の扶養義務者から当該債務の弁済に充てるためになされたものであるときは、その贈与又は遺贈により取得したものとみなされた金額のうちその債務を弁済することが困難である部分の金額については、この限りでない。

【相続税法基本通達】

（無利子の金銭貸与等）

9-10　　　夫と妻、親と子、祖父母と孫等特殊の関係がある者相互間で、無利子の金銭の貸与等があった場合には、それが事実上贈与であるのにかかわらず貸与の形式をとったものであるかどうかについて念査を要するのであるが、これらの特殊関係のある者間において、無償又は無利子で土地、家屋、金銭等の貸与があった場合には、法第9条に規定する利益を受けた場合に該当するものとして取り扱うものとする。ただし、その利益を受ける金額が少額である場合又は課税上弊害がないと認められる場合には、強いてこの取扱いをしなくても妨げないものとする。

〈 156 〉

[編著者プロフィール]

辻・本郷 税理士法人 ダイレクトアシスト

税理士　八重樫 巧

　早稲田大学政治経済学部卒業。東京国税局の資料調査課、調査部、査察部で法人税調査に従事した。管内の税務署では、特別調査情報官として局間連携事案の企画・調査、国際調査情報官として海外事案調査に従事した。平成19年税理士登録、現在は会長室に所属し、辻・本郷 グループの審理事務に従事している。

辻・本郷 税理士法人

〒160-0022

東京都新宿区新宿4丁目1番6号　JR新宿ミライナタワー28階

電話　03-5323-3301（代）　FAX　03-5323-3302

URL　https://www.ht-tax.or.jp/

[執筆者略歴]

平野 晃宏

　平成21年早稲田大学大学院会計研究科卒業。平成19年あずさ監査法人入社。平成23年公認会計士登録。9年間にわたり上場企業を中心とした監査業務・相談業務に従事した後、平成29年から辻・本郷税理士法人で主に法人の申告に携わった後、審理室に勤務。

片 ユカ

　昭和62年東京国税局採用後、芝、千葉東、日本橋、京橋、麹町税務署等の資産課税部門で、相続税調査や路線価の作成等を担当し、平成29年に退職後税理士登録、平成30年から辻・本郷税理士法人審理室勤務。

辻・本郷審理室 ダイレクトアシスト　ゼミナールvol.3
質問回答事例集
法人税・消費税・個人所得税・資産税

2019年11月27日　初版第1刷発行

編著　　　　　辻・本郷 税理士法人 ダイレクトアシスト

発行者　　　　鏡渕　敬

発行所　　　　株式会社 東峰書房

　　　　　　　〒150-0002　東京都渋谷区渋谷3-15-2

電話　　　　　03-3261-3136

FAX　　　　　03-6682-5979

URL　　　　　httpa://tohoshobo.info/

装幀・デザイン　小谷中一愛

印刷・製本　　株式会社 シナノパブリッシングプレス

©Hongo Tsuji Tax & Consulting 2019

ISBN978-4-88592-200-8　C0034

Printed in Japan